Otto Hofer-Moser/Gerhard Hintenberger/
Melitta Schwarzmann/Rita De Dominicis/
Franz Brunner

Krisenintervention kompakt

Theoretische Modelle, praxisbezogene Konzepte
und konkrete Interventionsstrategien

Vandenhoeck & Ruprecht

Bibliografische Information der Deutschen Nationalbibliothek:
Die Deutsche Nationalbibliothek verzeichnet diese Publikation in der
Deutschen Nationalbibliografie; detaillierte bibliografische Daten sind
im Internet über https://dnb.de abrufbar.

© 2020, Vandenhoeck & Ruprecht GmbH & Co. KG,
Theaterstraße 13, D-37073 Göttingen
Alle Rechte vorbehalten. Das Werk und seine Teile sind urheberrechtlich
geschützt. Jede Verwertung in anderen als den gesetzlich zugelassenen Fällen
bedarf der vorherigen schriftlichen Einwilligung des Verlages.

Umschlagabbildung: Sergey Nivens/shutterstock.com

Satz: SchwabScantechnik, Göttingen
Druck und Bindung: ⊕ Hubert & Co. BuchPartner, Göttingen
Printed in the EU

Vandenhoeck & Ruprecht Verlage | www.vandenhoeck-ruprecht-verlage.com

ISBN 978-3-525-40851-3

Inhalt

1 Vorbemerkung 9

2 Allgemeines Krisenverständnis 13
  2.1 Systemtheoretische Modelle 13
  2.2 Einteilungskriterien 15
  2.3 Krisenaspekte 21
  2.4 Allgemeine Prinzipien der Krisenintervention 21

3 Konkrete Interventionsmaßnahmen bei Krisen 27
  3.1 Leitlinien für ein Kriseninterventionserstgespräch 27
    3.1.1 Aktive Kontakt- und Beziehungsarbeit,
       emotionale Beruhigung 28
    3.1.2 Problem-, Situations- und Ressourcenanalyse 31
    3.1.3 Problembearbeitung 33
    3.1.4 Abschätzung des Gefährdungspotenzials 38
    3.1.5 Behandlungskontrakt 39
  3.2 Die Folgegespräche 40
  3.3 Weitere Kriseninterventionstechniken 44
    3.3.1 Techniken der inneren Distanzierung 45
    3.3.2 Techniken der inneren Stütze 48
    3.3.3 Techniken zur Verankerung von Realität 49
  3.4 Der Abschluss 50

4 Suizidalität 53
  4.1 Allgemeine Aspekte 55
    4.1.1 Epidemiologie 55
    4.1.2 Risikogruppen 56

    4.2 Professionelle Strategien im Umgang mit suizidalen Menschen 58
        4.2.1 Abschätzung des Suizidrisikos 58
        4.2.2 Fragen an latent suizidale Patientinnen 62
        4.2.3 Fragen an manifest suizidale Patientinnen 63
        4.2.4 Die stationäre Aufnahme 68
    4.3 Chronische Suizidalität 71

5 Einführung in die Akut-Psychotraumatologie 73
    5.1 Neurobiologie des Traumas 73
    5.2 Dynamisches Verlaufsmodell psychischer Traumatisierung 74
        5.2.1 Schockphase 75
        5.2.2 Einwirkphase 77
        5.2.3 Erholungsphase 78
        5.2.4 Traumatischer Prozess 79
    5.3 Konsequenzen für Interventionsstrategien 80
        5.3.1 Sicherheit schaffen 81
        5.3.2 Stabilisieren 82
        5.2.3 Traumabearbeitung und Integration 85

6 Notfall- und Krisenintervention bei psychiatrischen Störungsbildern 87
    6.1 Allgemeiner Überblick 87
    6.2 Die akute schizophrene Störung 89

7 Krisenentwicklungen mit dem Symptom »Panikattacken« 93
    7.1 Symptome 93
    7.2 Panikattacken in Krisensituationen 95
    7.3 Das Hyperventilationssyndrom 98

8 Überwältigende Trauer 103
  8.1 Trauerbegleitung und Trauertherapie 104
  8.2 Neue Ansätze in der psychotherapeutischen
      Trauerbegleitung und Trauertherapie 106
  8.3 Dynamisches Verlaufsmodell
      der Verlustbewältigung 110
  8.4 Voraussetzungen für Trauerbegleitung 113

9 Krisenberatung online 115

10 Selbstfürsorge und Psychohygiene 121

Literatur 127

Abkürzungsverzeichnis 135

1 Vorbemerkung

Krisenhafte Entwicklungen im Leben sind zunächst einmal kein pathologisches Anzeichen, sondern häufig eine normale Reaktion auf Situationen der Überforderung. Als solche können krisenhafte Zuspitzungen auch in laufenden psychotherapeutischen Behandlungen, während einer Beratung oder in der ärztlichen Praxis mehr oder weniger überraschend auftreten. Ausreichende Kenntnisse, Kompetenzen und Fertigkeiten zur Durchführung biopsychosozialer Kriseninterventionen gehören demgemäß zur Basisausbildung von verschiedenen Berufsgruppen.

Der professionelle Umgang mit Menschen in Krisen bedeutet für alle davon betroffenen Berufsgruppen eine große Herausforderung und er ist nicht selten von erheblichen Versagensängsten begleitet. Dementsprechend groß ist in solchen, zum Teil zutiefst verunsichernden Situationen das Bedürfnis nach klaren Richtlinien, um nur ja keinen Fehler zu begehen. Diesem sehr verständlichen Bedürfnis kann aber aus zwei Gründen nur bedingt entsprochen werden:

Zum einen gibt es keine einheitlichen, wissenschaftlich begründeten Konzepte darüber, wie man Krisen verbindlich definieren und kategorisieren kann, noch darüber, wie die *richtige* Vorgangsweise im Umgang mit ihnen auszusehen hat (Ortiz-Müller, 2010). In dieser wissenschaftlichen Unschärfe spiegelt sich vor allem die Tatsache, dass es sich gerade bei der Thematik Krise um ein höchst individuell ablaufendes, komplex-dynamisches Geschehen handelt. Dies betrifft sowohl die jeweilige Phänomenologie als auch die Frage, was sich für Betroffene als hilfreich erweist, um wieder ausreichend Boden unter die Füße zu bekommen. Die sehr differierenden Verlaufsgestalten von Krisen ergeben sich durch unterschiedliche

- Krisenanlässe und Krisenauslöser,
- familiär-kulturell biografische Hintergründe,
- Robustheit und Vulnerabilität der Betroffenen sowie
- aktuelle Lebens- und Ressourcenlagen.

Zum anderen geht es darum, als professionelle Helferin in einem persönlichen Reifungsprozess zu begreifen, zu akzeptieren und auszuhalten, dass der Umgang mit Menschen in Krisen fast immer eine große Verunsicherung auch auf Seite der Helferinnen mit sich bringt und die Grenzen des Helfenkönnens im Prozessverlauf oft ganz drastisch aufgezeigt werden.

Als Autorinnen und Autoren des vorliegenden Buches unterrichten wir alle im universitären und außeruniversitären Bereich das Fach »Krisenintervention im Kontext psychosozialer Berufsfelder«. Beim Austausch unserer Skripte und unseres Seminardesigns wurde uns schnell klar, wie ähnlich unsere theoretischen Bezüge und unsere praktischen Herangehensweisen sind. So entstand die Idee, ein gemeinsames Buch zu gestalten. Wir blicken nicht nur in der Lehre, sondern auch in der Praxis auf einen langjährigen Erfahrungsschatz zurück, den wir gerne teilen und weitergeben möchten.

Im Dialog mit Sandra Englisch von Vandenhoeck & Ruprecht einigten wir uns auf eine sehr kompakte und praxisorientierte Darstellung dieses Themas. So entstand: »Krisenintervention kompakt. Theoretische Modelle, praxisbezogene Konzepte und konkrete Interventionsstrategien«. Für die konstruktive und wertschätzende Lektoratsarbeit möchten wir uns an dieser Stelle noch sehr herzlich bei Imke Heuer bedanken.

Dieses Buch ist durch folgende Schwerpunktsetzungen gekennzeichnet:
- *Essentials:* Die wichtigsten theoretischen Hintergründe und Interventionsstrategien werden auf einen Blick sichtbar. Das Buch ist für Praktikerinnen und Praktiker geschrieben, die in konkreten Situationen Orientierung suchen. Es ist aber auch für Personen im Ausbildungskontext als Überblickswerk konzipiert, das Kernwissen vermittelt und Einblicke in die Praxis der Krisenintervention gewährt.

- *Schulenübergreifend:* In der Krisenintervention wurde immer schon schulenübergreifend gearbeitet. Ein aktuelles Krisengeschehen verweist sehr rasch auf existenzielle Dimensionen menschlichen Daseins. Es scheint so, dass dadurch ideologische und schulenspezifische Betrachtungsweisen eine geringere Rolle als sonst üblich spielen. Auch wir verstehen uns in einer Tradition, in der das Verbindend-integrative vor das Trennende gestellt wird.
- *Interdisziplinär:* Psychosoziale Krisenintervention wird von mehreren Berufsgruppen durchgeführt. Psychotherapeuten, Ärztinnen, Psychologinnen, Sozialarbeiter, Beraterinnen etc. sind innerhalb ihres Berufsfeldes immer wieder mit krisenhaften Situationen und Verläufen konfrontiert und müssen schnelle, situationsadäquate Antworten darauf finden. Dieses Buch ist so konzipiert, dass die genannten Berufsgruppen die aufbereitete Theorie und Praxis rasch in ihren jeweiligen Alltag integrieren können.
- *Didaktik:* Uns war es beim Schreiben ein besonderes Anliegen, dass die Leserinnen die Inhalte den eigenen Anforderungen entsprechend und besonders anwenderfreundlich nutzen können. Durch optische Hervorhebungen sind folgende Schwerpunkte schnell zu erfassen:

BEACHTE: An diesen Stellen finden Professionelle wichtige ergänzende Hinweise für ihre praktische Arbeit.

Auf einen Blick
In dieser Rubrik sind wichtige Inhalte extra gekennzeichnet.

Praxistipp
Hier werden bewährte Interventionsstrategien vorgestellt.

Praxisbeispiel
Entlang konkreter Beispiele lassen sich theoretische Ausführungen besonders gut nachvollziehen.

Take-Home-Message
Am Ende eines Kapitels werden die wichtigsten Kernbotschaften nochmals zusammengefasst.

Wir verwenden im Text in zufälliger Folge die männliche und weibliche Form. Im Sinne der gendersensiblen Sprache mögen sich bitte alle mitgemeint fühlen. Um den Lesefluss nicht zu unterbrechen, werden nicht ständig alle jeweils gemeinten Berufsgruppen aufgezählt. Auch hier wird in zufälliger Folge von Ärzten, Psychotherapeutinnen, Psychologinnen, Beratern und Sozialarbeiterinnen die Rede sein.

2 Allgemeines Krisenverständnis

In diesem Abschnitt werden aus einer metatheoretischen Perspektive ein allgemeines Verständnis von Krisen, Kenntnisse zu Krisenverläufen und deren Dynamiken, hilfreiche Grundhaltungen sowie allgemeine Behandlungsleitlinien vermittelt. Diese theoretischen Perspektiven dienen als Grundlage für konkrete, alltagspraktische Interventionsstrategien.

2.1 Systemtheoretische Modelle

Was ist eine Krise?
Krisen sind der Ausdruck einer Labilisierung eines Systems (Person, Gruppe, Institution), die von den vorhandenen Bewältigungsmöglichkeiten und Bewältigungsfähigkeiten (wie z. B. Coping-Strategien, Ressourcen, kreativen Gestaltungspotenzialen, Resilienzen) nicht aufgefangen werden können und dadurch zu einer Gefährdung des Weiterbestandes dieses Systems führen (Petzold, 1975). Wenn akute lebensverändernde Ereignisse eingespielte Regeln und Normen außer Kraft setzen und dadurch massive Ängste vor dem Verlust von Alltagsnormalitäten hervorrufen (Keupp, 2010), kommt es in unterschiedlichem Ausmaß zu einer Erschütterung des Selbst- und des Weltverständnisses. In Krisen manifestieren sich daher Entfremdungsphänomene gegenüber der eigenen Person oder anderen Menschen. Habituelle Bewältigungsstrategien greifen nicht mehr (ausreichend), das Identitätsgefühl wird brüchig: »So kenne ich mich gar nicht«, »So kenne ich meinen Mitmenschen gar nicht«.

Dynamisch-zeitliche Verlaufsgestalten einer Krise

Krisen werden durch äußere oder innere Ereignisse in Gestalt einer Konfrontation mit unausweichlichen Veränderungen ausgelöst und aktivieren gewohnheitsmäßige und aktuell zur Verfügung stehende Bewältigungsstrategien. Greifen diese nicht bzw. nicht ausreichend, dann kommt es zu einer Labilisierung, gefolgt von emotionalen Turbulenzen, wachsenden Unsicherheiten, Irritationen sowie Gefühlen des Überfordert- bis Ausgeliefertseins. Bleibt das Erleben existenzieller Bedrohung längere Zeit bestehen, spitzt sich das Krisengeschehen bis zu einem Höhe- oder Wendepunkt zu (»Krisis«).

Wenn Bewältigungsversuche durch
- Entlastung,
- das Heranführen von Ressourcen,
- die Aktivierung protektiver Faktoren sowie durch
- das Herstellen eines positiven Zukunftshorizonts mit persönlich bedeutsamen Zielen

zu Problemlösungen führen und Neuorientierungen möglich werden, kann im Durchlaufen einer Krise ein Identitäts- und Resilienzgewinn erfolgen (Petzold, 2003). Dieser Prozess verläuft oft in mehreren Durchgängen, also nicht so sehr in definierten aufeinanderfolgenden Phasen als vielmehr zirkulär und spiralförmig in Schleifen, wobei er zwischen Phasen hoher Instabilität und innerem Chaos und solchen relativer Stabilität hin und her pendeln kann. Bei misslingenden Bewältigungsversuchen besteht die Gefahr einer Chronifizierung dysfunktionaler Bewältigungsstrategien, die Gefahr einer malignen regressiven Dekompensation bis hin zum resignativen Suizid, aber auch die Gefahr einer überschießenden Dekompensation bis hin zu spontanen reaktiven Suizidimpulsiven bzw. zu Gewalthandlungen. Die individuellen Verläufe unterscheiden sich in der Regel sehr stark voneinander. Einen *richtigen* Verlauf, auch unter therapeutischer Begleitung, gibt es also nicht (Gahleitner, Scheuermannn u. Ortiz-Müller, 2012).

Auf einen Blick

Ziel einer Krisenintervention ist es, den Betroffenen zu helfen, möglichst rasch wieder eine ausreichende Kontrolle über ihr Leben zurückzugewinnen und mögliche oder wahrscheinliche negative Folgeerscheinungen von Krisen zu verhindern. Krisenintervention ist primär also nicht auf grundsätzliche strukturelle Veränderung ausgerichtet, sondern in erster Linie Hilfe zur Selbsthilfe (Sonneck, Kapusta, Tomandl u. Voracek, 2012).

2.2 Einteilungskriterien

Krisenverläufe können entlang unterschiedlicher Kriterien spezifiziert werden:
- zeitliche Verlaufsgestalt (plötzlich einsetzend, langsam, in Schüben sich zuspitzend etc.)
- Intensität der seelischen Erschütterung (Trauerreaktionen, unterschiedliche Ausprägungen dissoziativer Schockphänomene etc.)
- Krisenanlässe, die den krisenauslösenden äußeren Kontext ebenso umfassen wie das dadurch bewirkte innere subjektive Erleben, Bewerten und Verarbeiten.

Auch aufgrund unterschiedlicher therapeutischer Konsequenzen für die Krisenintervention ist es zunächst einmal sinnvoll, unter Verwendung der ersten beiden Kriterien, ein Kontinuum zwischen den Polen traumatische Krise einerseits und den sogenannten Entwicklungskrisen andererseits aufzuspannen. Zu letzteren werden beispielsweise die Adoleszentenkrise, Elternschaft, Midlife-Crisis etc. gezählt, bei denen äußere Krisenanlässe in erster Linie ein Reifungsdefizit oder eine Stagnation in der individuellen Entwicklung aktualisieren, während bei einer akuten Traumatisierung der äußere Anlass nahezu bei jedem Menschen eine ausgeprägte seelische Erschütterung mit entsprechender Symptomatik hervorrufen würde. Krisen können also unter diesen Aspekten ganz plötzlich und massiv auftreten, sich relativ rasch entwickeln und in einem Vollbild kumulieren. Sie können sich aber auch chronisch schleichend, fast unbemerkt entwickeln. Erwähnt sei hier noch, dass Stein (2015) den Begriff der traumatischen Krise nicht mehr verwendet. Er spricht stattdessen ausschließlich von akuten Traumatisierungen. Im Sinne der angeführten allgemeinen Modelle und Definitionen kann ein akutes Trauma unserer Meinung nach jedoch auch als die Extremvariante einer Krise angesehen werden.

Verlustkrisen

Die sogenannten Verlustkrisen können in ihren Ausprägungen, je nach Anlass und Krisenhintergrund, die gesamte gerade beschriebene Bandbreite an Symptomatik aufweisen. Dies reicht von hochtraumatisch (beispielsweise beim Unfalltod eines Kindes) bis hin zu einem ganz natürlichen Trauerprozess, wenn z. B. betagte oder vielleicht auch chronisch kranke Eltern mehr oder weniger vorhersehbar sterben. Neben dieser archetypischen Verlustkrise (Tod eines Nahestehenden) ist es möglich, dass eine Verlustkrise im Kontext von Trennungen, Arbeitsplatzverlust, erzwungenen Umzügen und Flucht, aber auch im Kontext des Verlustes körperlicher Unversehrtheit nach Unfällen oder des Verlustes der Gesundheit bei schwerwiegenden Erkrankungen auftritt. Zu beachten sind auch Krisen, die sich bei Werteverlusten (z. B. als spirituelle Krise) manifestieren.

Für all diese unterschiedlichen Formen und Ausprägungen von Verlustkrisen greift Stein (2015) unter Bezugnahme auf Cullberg (1978) auf ein Phasenmodell mit Schockphase, Reaktions-, Bearbeitungs- und Neuorientierungsphase zurück. Diese Kategorisierung ist weitgehend ident mit dem Verlaufsmodell psychischer Traumatisierung nach Fischer und Riedesser (2009), wobei die Reaktionsphase der Einwirkphase und die Bearbeitungs- und Neuorientierungsphase der Erholungsphase entsprechen. Dass solche Phasenmodelle im heutigen Verständnis nur mehr eine orientierende, heuristische bzw. eine didaktische Funktion zukommt, wurde schon erwähnt.

Krisen bei Menschen mit Persönlichkeitsstörungen
Die Bezeichnung narzisstische Krise beschreibt weniger Phänomene im üblichen Krisenverständnis als vielmehr jene auf dem Hintergrund einer ernsthaften Persönlichkeitsstörung. Bereits durch geringfügige Anlässe können schwere Irritationen eines brüchigen Selbstwertes ausgelöst werden, die oft mit einem erheblichen bis massiven fremd- und autoaggressiven Gewaltpotenzial einhergehen. Diese Krisenform bedarf daher eines störungsspezifischen Therapiesettings (siehe auch Stein, 2015), wenn sie im Verlauf eines therapeutischen Prozesses auftritt, und Maßnahmen der Notfallpsychologie, sollten Mitglieder eines Kriseninterventionsteams zu einer solchen Gewalteskalation vor Ort gerufen werden (zum Umgang mit gewalttätigen Patienten siehe auch Rupp, 2010b).

Ähnliches wie für die narzisstische Krise gilt für habituelle krisenhafte Phänomene, wie sie auch bei anderen Persönlichkeitsstörungen auftreten. Für Menschen mit einem niedrigen Strukturniveau gemäß psychodynamischem Diagnosesystem Operationalisierte Psychodynamische Diagnostik (hier OPD II), d. h. mit schwach ausgebildeten Ich-Funktionen, stellen bereits alltägliche Lebensanforderungen eine mehr oder weniger ständige oder zumindest rezidivierende Überforderung dar. Dies trifft auch auf Menschen mit einer Borderlinestörung zu, die durch ihre Schwierigkeiten, Beziehungen adäquat zu gestalten, in chronifizierte oder sich wiederholende Krisen geraten. Auch bei diesen Störungsbildern ist primär eine störungsspezifische Intervention erforderlich. Die konventionelle Herangehensweise für Kriseninterventionen hingegen ist hier weitgehend kontraindiziert.

Crisis? What Crisis?
Sonneck et al. (2012) sprechen unter Bezugnahme auf Caplan (1964) und Cullberg (1978) in Abgrenzung zu psychiatrischen Notfällen von psychosozialen Krisen. Diese Bezeichnung ist unseres Erachtens im psychotherapeutischen Kontext eher als Tautologie aufzufassen, da jede Lebenskrise auf dem Hintergrund des biopsychosozialen Modells als Meta-Modell gedeutet und verstanden werden kann. Insofern macht das Adjektiv »psychosozial« – bzw.

genauer »biopsychosozial« nur als Abgrenzung zu einer beispielsweise Wirtschafts- oder Finanzkrise wirklich Sinn. Dieselbe Argumentation trifft auf den Begriff Lebensveränderungskrisen zu, die nach Stein (2015) – auch unter Bezug auf Caplan (1964) – »aufgrund von Ereignissen des üblichen Lebensverlaufes entstehen« (Stein, 2015, S. 26). Auch hier kann von einer Tautologie gesprochen werden, da jede ernsthafte Krise, sofern sie positiv bewältigt wird, zu einem Zuwachs an Lebenserfahrung führt und damit eine Veränderung im Selbst- und Weltbild sowie in der weiteren Lebensführung bewirkt. Damit deckt sich dieser Begriff der Lebensveränderungskrisen in weiten Bereichen mit dem der Entwicklungskrisen, auch wenn er weiter gefasst ist als letzterer und zum Beispiel auch Trennungsereignisse oder Arbeitsplatzverlust mit beinhaltet.

Sinnvoller und aussagekräftiger, vor allem auch im Hinblick auf ihre subjektiven Auswirkungen und Bedeutungszuschreibungen sowie damit zusammenhängenden professionellen Implikationen, erscheint in diesem Zusammenhang die Differenzierung zwischen
- schicksalhaft bedingten Krisen (z. B. Krankheit, Naturkatastrophen etc.),
- gesellschaftlich bedingten Krisen (z. B. Kündigung, Scheidung, Burnout-Entwicklungen etc.) und
- den sogenannten »man made disasters« (z. B. Überfälle, Vergewaltigungen, Vertreibung, Flucht, Terror, Folter, Krieg etc.).

ICD-10- und DSM-5-Diagnostik

Sowohl die Internationale statistische Klassifikation der Krankheiten und verwandter Gesundheitsprobleme ICD-10 der Weltgesundheitsbehörde (Dilling u. Freyberger, 2016) als auch der Diagnostische und statistische Leitfaden psychischer Störungen DSM-5 der Amerikanischen Psychiatrischen Gesellschaft (American Psychiatric Association, 2018) verzichten weitgehend auf den Krisenbegriff.

Der ICD-10 differenziert zwischen
- *einer akuten Belastungsreaktion* (F43.0) als »eine[r] vorübergehende[n] Störung, die sich bei einem psychisch nicht manifest

gestörten Menschen als Reaktion auf eine außergewöhnliche physische oder psychische Belastung entwickelt, und die im Allgemeinen innerhalb von Stunden oder Tagen abklingt« (Dilling u. Freyberger, 2016, S. 171).

Das entspricht in der Beschreibung einem allgemeinen und auch alltagsnahen Krisenverständnis. Die diagnostische Vorgabe, dass die seelische Erschütterung nach 48 Stunden weitgehend abgeklungen sein soll, erscheint jedoch in den meisten Fällen sehr unrealistisch. Ist das nicht der Fall, dann spricht der ICD-10 bereits von einer Anpassungsstörung. Auch im DSM-5 (American Psychiatric Association, 2018) wird beispielsweise Trauer nach dem Verlust einer nahestehenden Person bereits nach zwei Wochen als Krankheit eingestuft. In beiden Fällen stellt dies aus unserer Sicht eine unnötige Pathologisierung einer normalen Reaktion auf außergewöhnliche Belastungen dar. Hier sollte der diagnostische Zeitraum für adäquate Reaktionen deutlich länger vorgegeben werden.

- einer *posttraumatischen Belastungsstörung* (F 43.1), wenn die Symptomatik ausgeprägter und anhaltender ist »als eine verzögerte oder protrahierte Reaktion auf ein belastendes Ereignis oder eine Situation kürzerer oder längerer Dauer, mit außergewöhnlicher Bedrohung oder katastrophenartigen Ausmaßes, die bei fast jedem eine tiefe Verzweiflung hervorrufen würde« (Dilling u. Freyberger, 2016, S. 173).

Das passt in etwa zu dem allgemeinen Verständnis eines Traumas bzw. dem einer traumatischen Krise. Der DSM-5 geht erst dann von einer Posttraumatischen Belastungsstörung (PTBS) aus, wenn die ausgeprägte Symptomatik über einen Monat anhält. Dauert die Symptomatik höchstens bis zu einem Monat, dann ist von einer akuten Belastungsstörung auszugehen.

- *Anpassungsstörungen* (F 43.2). Diese werden als »Zustände von subjektiver Bedrängnis und emotionaler Beeinträchtigung, die im Allgemeinen soziale Funktionen und Leistungen behindern und während des Anpassungsprozesses nach einer entscheidenden Lebensveränderung oder nach belastenden Lebensereignissen auftreten« beschrieben (Dilling u. Freyberger, 2016, S. 175).

Sie können mit depressiven oder ängstlichen Reaktionen oder mit Störungen des Sozialverhaltens einhergehen. Das entspricht am ehesten dem Verständnis von Veränderungskrisen.

Notfälle

Der Vollständigkeit halber wird an dieser Stelle noch kurz auf den Begriff des Notfalles eingegangen, wobei die Grenzen zwischen Krisenintervention und Notfallintervention natürlich fließend sind. Notfallsituationen sind durch einen immens dringenden Handlungsbedarf auf Seiten des Helfersystems charakterisiert, wobei es darum geht, manchmal innerhalb von Minuten bis in der Regel von wenigen Stunden, durch geeignete Interventionen unmittelbare Gefahren für Leib und Leben der Betroffenen bzw. von ernsthafter Fremdgefährdung abzuwenden. Im subjektiven Erleben der Betroffenen treten Notfälle plötzlich und überraschend und mit überwältigender Intensität des Bedrohungserlebens auf (Lasogga u. Gasch, 2011). Es kann zwischen zwei Sorten von Notfallsituationen unterschieden werden.

- *Psychisch-psychiatrische Notfallsituationen,* wie zum Beispiel eine massive suizidale Einengung, ein traumatischer Schock, ein akuter psychotischer Schub, Panikattacken etc., können als dramatische Zuspitzung oder als letzte Eskalationsstufe ebensolcher Krisen betrachtet werden. Notfallinterventionen zielen darauf ab, eine ausreichende Beruhigung und eine Deeskalation in dem Ausmaß zu erreichen, dass ein normales Kriseninterventionsmanagement wieder als Hilfsangebot ausreicht. Dazu zählt auch, sollten die getroffenen Maßnahmen nicht erfolgreich sein, eine Zwangseinweisung (Rupp, 2010a).
- *Medizinische Notfallsituationen,* wie beispielsweise Kollapszustände, ein Asthmaanfall, ein epileptischer Anfall oder akute Schmerzzustände, erfordern von nicht-ärztlichen Helferinnen das Leisten einer *Medizinischen Ersten Hilfe* als Laienhilfe. Sollten die Betroffenen bei Bewusstsein sein, ist bis zum Eintreffen der Rettungskräfte auch eine kompetente und professionelle *Psychische Erste Hilfe* notwendig (Ausführliches zum Thema *Psychische Erste Hilfe* findet sich bei Lasogga u. Gasch, 2011).

2.3 Krisenaspekte

Sonneck et al. (2012) unterscheiden beim komplex-dynamischen Krisengeschehen die folgenden Aspekte:
- Krisenanlass,
- subjektive Bedeutung,
- Krisenanfälligkeit,
- Reaktion der Umwelt,
- Krisenverlauf.

Den Krisenanlass und dessen subjektive Bedeutung zu kennen, ist zentral für eine erfolgversprechende Krisenintervention. Die subjektive Bedeutung wiederum erschließt sich oft erst aus der Persönlichkeitsstruktur des Betroffenen auf dem Hintergrund der individuellen Biografie. Genetische Disposition zu Robustheit oder Vulnerabilität in Verschränkung mit den vorangegangenen Lernerfahrungen im Umgang mit Herausforderungen und Belastungen innerhalb des sozialen Feldes und der daraus resultierenden Ich-Stärke, der Beschaffenheit des Selbstwertgefühls und des Ausmaßes an Identitätsgewissheit bestimmen weitgehend die Krisenanfälligkeit. Für den Krisenverlauf entscheidend ist oftmals die tatsächliche Reaktion des sozialen Umfeldes in Verbindung mit der Fähigkeit und Bereitschaft des Betroffenen, in Abhängigkeit vom vorherrschenden Bindungsstil dessen Hilfe auch anzunehmen.

2.4 Allgemeine Prinzipien der Krisenintervention

Das Hauptziel der Krisenintervention besteht darin, den Betroffenen zu helfen, zunächst eine ausreichende kognitive Reorientierung sowohl über ihre äußere Situation als auch über ihre innere Verfasstheit zu gewinnen, um – darauf aufbauend – im Alltag wieder entscheidungs- und handlungsfähig zu werden und so dem zentralen Gefühl des Kontrollverlustes im Innen und Außen ausreichend entgegenzuwirken. Zu dieser kognitiven Reorientierung gehört ganz wesentlich die Einschätzung darüber, »ob eher die äußere Realität durch eigene Anstrengungen zu verändern ist oder ob eine innere Anpassung an gegebene unveränderbare Umstände erfolgen kann bzw. muss« (Ortiz-Müller, 2010, S. 74) oder beides. Damit diese kognitiven Prozesse überhaupt stattfinden können, müssen vorher überwältigende Gefühle (vor allem Panik) ausreichend begrenzt werden.

Auf einen Blick

Es geht in der Krisenintervention darum, die Klienten dabei zu unterstützen,
- zunächst Angst- und Panikzustände ausreichend einzugrenzen, indem aktuell ausgefallene oder geschwächte Ich-Funktionen vorübergehend zur Verfügung gestellt werden;
- weitere intensive belastende Gefühle, wie zum Beispiel Wut, Trauer etc. zu regulieren und letztlich zu integrieren;
- die Lebensführung wieder in die eigene Hand nehmen zu können.

Die allgemeinen Prinzipien für die Praxis der Kriseninterventionen lassen sich in folgenden Punkten zusammenfassen: Eine Krisenintervention sollte rasch beginnen und über eine aktive Beziehungsaufnahme und -gestaltung erfolgen. Am Anfang steht die diagnostische Einschätzung (inklusive einer Suizidabschätzung). Hierbei ist ein entschiedenes professionelles Auftreten in Verbindung mit einem klar strukturierenden, Halt vermittelnden, wenn notwendig auch direktiven Vorgehen angezeigt. Es gilt, auf die aktuelle Situation zu fokussieren und eine emotionale Stabilisierung bei der behandelten Person herbeizuführen. Die Behandelnden sollten nach den Prinzipien der Methodenflexibilität und Ressourcenorientierung agieren, das bedeutet auch, das soziale Umfeld konsequent mit einzubinden und mit Fachkollegen interdisziplinär zusammenzuarbeiten. Medikamentöse Optionen sollten bei der Krisenintervention auf jeden Fall mitbedacht werden.

BEACHTE: Als Professionals stellen wir nur das zur Verfügung, was das soziale Umfeld (noch) nicht zu leisten vermag und auch das nur solange, wie es tatsächlich notwendig ist. Gleichzeitig tragen Angehörige helfender Berufe im Rahmen von Kriseninterventionen ein noch höheres Maß an Verantwortung als dies sonst in ihrer beruflichen Tätigkeit der Fall ist. Darüber hinaus gilt: Wir können den Betroffenen schwere Schicksale nicht abnehmen, sondern sie nur in der Bewältigung unterstützen und auf begrenzte Zeit darin begleiten.

Zur möglichen Problematik der unter Krisenaspekten sich konstellierenden therapeutischen Beziehung gibt Stein (2015, S. 77) zu bedenken:

> »Die hohe emotionale Belastung, der Menschen in einer Krise ausgesetzt sind, macht sie offener für das Hilfs- und Beziehungsangebot, folglich kann sich sehr rasch eine intensive Nähe zwischen Therapeut und Klient entwickeln [durchaus in Abhängigkeit vom vorbestehenden Bindungsmuster – sicher gebunden, unsicher ambivalent bzw. vermeidend und desorganisiert –, bzw. auch vom Strukturniveau des Betroffenen; Anm. der Autoren]. Da es sich bei Krisenintervention aber um ein kurzfristiges Angebot handelt, ist es wichtig, dass der Betroffene möglichst rasch wieder selbstständig handlungs- und entscheidungsfähig wird. Daher sollen die Selbsthilfebemühungen des Klienten von Beginn an gefördert werden. Die Abhängigkeit vom Therapeuten muss also auf das Allernotwendigste beschränkt bleiben und die Beendigung der Krisenintervention von Beginn an mitbedacht werden.«

Diesen berechtigten Überlegungen von Stein ist unseres Erachtens in diesem Kontext ergänzend noch die Frage anzufügen: Wie viel Labilisierung lassen wir zu, wo verhindern wir mit zu schneller Stabilisierung auch Entwicklung? Darüber hinaus mag das Anstreben einer möglichst raschen Stabilisierung manchmal auch der unbewussten Vermeidung von Empathiestress seitens des Therapeuten geschuldet sein. Ausreichend Supervision für Professionals, die in der Krisenintervention tätig sind, ist also dringend angeraten, sowohl um mögliche Abhängigkeitsdynamiken rechtzeitig erkennen zu können als auch um Empathiestress zu begrenzen und schließlich, um gegebenenfalls das mögliche Entwicklungs- und Reifungspotenzial der jeweiligen Krise erfassen und fördern zu können. Zum Abschluss dieses Kapitels sei noch darauf hingewiesen, dass wissenschaftliche Studien zum Einsatz rascher psychotherapeutischer Hilfsangebote zum Beispiel in Form sogenannter Debriefings belegen, dass diese Interventionen unter bestimmten Bedingungen sogar eine Verschlechterung der Symptomatik traumatisierter Menschen nach sich ziehen können (Bonanno, 2012). Beachten Sie daher den folgenden Praxistipp.

 Praxistipp

- Bieten Sie Hilfe und Unterstützung rasch und mit entschiedenem professionellen Auftreten, aber nur so lange wie nötig, an.
- Bieten Sie das Ausmaß an Hilfe und Unterstützung an, das vom sozialen Umfeld (noch) nicht zur Verfügung gestellt werden kann.
- Achten Sie darauf, dass die vorgeschlagenen Interventionen in Form und Intensität den natürlichen Reorganisations- und Heilungsprozess unterstützen.
- Entwickeln Sie ein gutes Gespür dafür, welche Haltung und welche Interventionen bei welchen Menschen zu welchem Zeitpunkt tatsächlich unterstützend wirken, und laden Sie die Betroffenen immer wieder zu entsprechendem Feedback ein.
- Verzichten Sie auf Interventionen, die von den Betroffenen als zu fremd, zu ungewohnt, irgendwie künstlich oder irritierend erlebt werden.
- Vertrauen Sie auf Ihre innere Gelassenheit und Stärke, um schwer belasteten und aufgewühlten Menschen emotionalen

Halt geben und stellvertretend Hoffnung vermitteln zu können, ohne aus eigener Hilflosigkeit in einen technischen Aktionismus zu verfallen.

 Take-Home-Message

Krisen labilisieren Personen und Systeme in einer Art und Weise, dass ihre gewohnheitsmäßigen Bewältigungsstrategien und Gestaltungspotenziale nicht mehr ausreichen und deshalb eine Dekompensation droht oder bereits eingetreten ist. Deshalb ist eine Krise keine Krankheit bzw. psychische Störung, sondern ein Zustand der aktuellen Überforderung, der nicht selten ein rasches professionelles Handeln erfordert, um nachhaltige Schädigungen abzuwenden. Krisen haben höchst individuelle Verlaufsgestalten.

Ziel der Krisenintervention ist es, durch eine Aktivierung und Erweiterung äußerer und innerer Ressourcen möglichst rasch wieder eine ausreichende äußere und innere Handlungsfähigkeit der Betroffenen zu ermöglichen. Professionelle Hilfe und Unterstützung sollen zeitlich und inhaltlich nur in einem Ausmaß angeboten werden, wie sie vom sozialen Umfeld (noch) nicht zur Verfügung gestellt werden können und auch nur in einem Ausmaß, das die professionellen Helfer selbst nicht überfordert.

3 Konkrete Interventionsmaßnahmen bei Krisen

Auf dem Hintergrund dieser allgemeinen, weitgehend metatheoretischen Überlegungen geht es nun im Folgenden um die konkrete und spezifische Anwendung von Kriseninterventionsmaßnahmen in der Praxis. »Primäres Ziel [dieser Interventionen] ist eine möglichst rasche Entlastung von dem erheblichen inneren und äußeren Druck, dem Menschen in Krisen ausgesetzt sind. Daher laufen vom ersten Kontakt an Beziehungsaufnahme, diagnostische Aufgaben und therapeutische Interventionen parallel« (Stein, 2015, S. 86).

3.1 Leitlinien für ein Kriseninterventionserstgespräch

Die professionelle Haltung in Krisensituationen ist – wie schon angeführt – klar, struktur- und haltgebend, bei Notwendigkeit rasch handelnd und aktiv nach Lösungsmöglichkeiten suchend und gegebenenfalls auch durch direktiven Zugang charakterisiert. Allgemein sollten Erstgespräche in der Krisenintervention die folgenden sechs Themenkomplexe beinhalten, die natürlich nicht separat, sondern unter der Metaperspektive des Krisenanlasses mit seinen realen äußeren Auswirkungen und seiner subjektiven, biografisch mitbedingten Bedeutung prozessual und situativ in einem verschränkten Ineinander aufzugreifen und zu bearbeiten sind:
- Von den Helfenden ist *aktive Kontakt- und Beziehungsarbeit* im Sinne einer verlässlichen, halt- und strukturgebenden Präsenz eines bedeutsamen Anderen als aktive Unterstützung im äu-

ßeren Krisenmanagement und im Umgang mit heftigen Emotionen anzubieten.
- Mit Hilfe einer *Problem-, Situations- und Ressourcenanalyse* ist eine emotionale Beruhigung über Orientierung bzw. Reorientierung im Außen und im Innen zu ermöglichen.
- Von den Professionals ist auf *Problembearbeitung* über ganz konkrete situative und flexible Ressourcenarbeit unter Zuhilfenahme der Pendeltechnik (s. S. 36 in diesem Buch) sowie der Arbeit am Selbstwirksamkeitserleben zu fokussieren.
- Das *Gefährdungspotenzial,* vor allem mögliche Suizidalität und das Gewaltpotenzial, muss abgeklärt werden.
- Den Beginn einer *somatischen bzw. einer psychiatrischen Erkrankung,* gegebenenfalls unter Einbezug ärztlich-medizinischer Ressourcen, gilt es auszuschließen.
- Es ist ein vorläufiger realistischer *Behandlungskontrakt* zu vereinbaren.

In den folgenden Abschnitten gehen wir auf die einzelnen Themenkomplexe der Kriseninterventionserstgespräche näher ein.

 Praxistipp

Das Krisenerstgespräch ist nach Möglichkeit so zu legen, dass anschließend für Eventualitäten ein genügend großes Zeitpolster besteht. Es sind dafür zumindest zwei Stunden einzuplanen.

3.1.1 Aktive Kontakt- und Beziehungsarbeit, emotionale Beruhigung

In erster Linie gelingen aktive Kontakt- und Beziehungsarbeit sowie emotionale Beruhigung über aktives Zuhören, authentische zwischenmenschliche Zuwendung (Trost) sowie über klar formuliertes Mitgefühl und Verständnis, auch als rituelle Solidaritätsbekundung: »*Ich bin jetzt ganz für Sie da. Erzählen Sie, was gesche-*

hen, was Ihnen zugestoßen ist. … Ich glaube Ihnen, dass dies alles sehr schlimm, sehr kränkend, sehr ängstigend, sehr schmerzend, unglaublich enttäuschend, … für Sie ist/war.«

BEACHTE: Zu empathisches Mitschwingen kann unter Umständen überschwemmende Gefühle noch verstärken.

Zudem geht es darum, glaubhafte Verlässlichkeit in der Krisenbegleitung und von gesellschaftlich autorisierter Kompetenz zu vermitteln (siehe auch das Konzept der »rituell-archetypischen Ebene«, Hofer-Moser, 2010). *»Ich bin jetzt für Sie da, solange das notwendig ist und ich werde Ihnen nach Möglichkeit helfen, Ihre schwierige bzw. schlimme Situation besser einschätzen zu können und mit Ihnen gemeinsam klären, welche Möglichkeiten, damit umzugehen und zu handeln, sich für Sie daraus ergeben.«*

Authentische zwischenmenschliche Zuwendung und Unterstützung führt in der Regel zu einer ersten emotionalen Beruhigung, vor allem in Bezug auf überflutende Ängste. Diese Unterstützung schließt auch die Möglichkeit von konkret leiblichen Berührungen als Ausdruck der Zuwendung, des Trostes als natürliches, evolutionär und kulturell gut begründbares soziales Handeln mit ein. Für Petzold (2004) ist Trost ein wichtiger Heilfaktor, der unter Umständen ein Abgleiten in pathologische Trauerprozesse, wie die Chronifizierung in Verzweiflung und Verbitterung, verhindert.

Zur Affektregulation kommt der Qualität der Beraterstimme eine große Bedeutung zu, die im Sinne eines *Talk-Down* eingesetzt werden kann: *»Jetzt kommen Sie erst einmal hier an … Setzen Sie sich, hier ist ein Stuhl und erzählen Sie in Ruhe, was geschehen ist. … Ich werde alles mir Mögliche tun, um Ihnen zu helfen!«*

Es geht dabei um »die Qualität eines beruhigenden, versichernden Zuspruchs, wie ihn gute Eltern ihren Kindern zu Teil werden lassen, wenn sie beunruhigt sind« (Petzold u. van Wijnen, 2010, S. 58). In weiterer Folge ist es gegebenenfalls auch hilfreich, Klientinnen zu fragen, ob sie sich an gute, beruhigende oder tröstende Stimmen von Menschen aus ihrer Biografie (Großeltern, Nachbarn, Lehrerinnen) erinnern können, die sie in schwierigen Zeiten *gehalten* (»holding function«; nach Winnicott, 2006) und ihnen Mut zugesprochen haben. Dies ist die Brücke zur Arbeit mit *Inneren Beiständen* (Petzold, 1975).

Sobald Angst- und Panikgefühle halbwegs unter Kontrolle sind – das ist die vordringlichste Aufgabe –, treten in der Regel andere heftige Gefühle in den Vordergrund: Wut, Verzweiflung, Enttäuschung, Trauer etc. Die Möglichkeit, diese Gefühle in einem haltgebenden und verständnisvollen Rahmen auszudrücken und zu verbalisieren, erleben Klienten in der Regel als sehr entlastend:

- *»Welche Gefühle genau sind gerade innerlich da? Ist es eher Wut, Zorn oder Enttäuschung? Oder eine Mischung aus mehreren, und wenn ja, wie schaut in etwa das Verhältnis zwischen ihnen aus?«*
- *»Wie intensiv sind diese Gefühle auf einer Belastungsskala von 0–10, wobei 0 überhaupt keine und 10 eine maximal vorstellbare Belastung bedeutet?«*

Die biografische Verortung des Krisenanlasses, das Verstehen eines Zusammenhangs zwischen Krisenauslöser, Krisenhintergrund und aktueller Symptomatik sowie Fragen zu den begleitenden Kognitionen können den Betroffenen ebenso helfen, eine zusätzliche Distanz zu heftigen Gefühlen herzustellen:

- *»Welche Gedanken und Befürchtungen gingen Ihnen durch den Kopf, als dieses schlimme Ereignis eintrat?«*
- *»Wie denken Sie heute darüber?«*

Durch diese Fragen lassen sich zudem dysfunktionale Kognitionen und Denkstile identifizieren, was wiederum für eine spätere Bearbeitungsphase wichtig sein kann.

Praxistipp

Im Umgang mit Emotionen gilt die Grundregel, Betroffene darin zu unterstützen, *gehaltene* Gefühle (z. B. Trauer, Zorn) zu lösen und überflutende Gefühle (z. B. Panik, Verzweiflung) ausreichend zu begrenzen und einzudämmen. Die einfache Frage: *»Erleichtert Sie* *das Weinen?«*, kann hier eine gute Orientierung zur Unterscheidung bieten. In dieser Phase der Krisenintervention erfolgen erste Hypothesenbildungen und Problemhierarchisierungen. Zudem ist es wichtig, die strukturelle Verfasstheit der Klientinnen (nach OPD-2) zu erfassen, dieses vorläufige Wissen jedoch nicht zu deuten und eine als kompensatorisch wahrgenommene Struktur nicht in Frage zu stellen.

Auf einen Blick

Primäres Ziel einer beziehungsorientierten Krisenintervention ist es, über aktives Zuhören sowie über aktives Vermitteln von Trost, Verständnis und konkreter Unterstützung im äußeren und inneren Krisenmanagement eine erste emotionale Beruhigung zu erreichen.

Indem Therapeutinnen oder Berater als außenstehende Personen die unerklärlichen und unsagbaren Ereignisse sowie die nachfolgenden seelischen Erschütterungen als tatsächlich geschehen anerkennen, wird dem Gefühl des Unwirklichen und Irrealen entgegengewirkt.

Die aktive Übernahme einer »stellvertretenden Hoffnung« (Cullberg, 1978, zit. nach Sonneck et al., 2012, S.19) versteht sich als spürbare Verkörperung einer Haltung von Verlässlichkeit, fachlicher Kompetenz, Gelassenheit und der prinzipiellen Zuversicht, dass der Klient diese schwierige Situation mit der Zeit bewältigen wird.

3.1.2 Problem-, Situations- und Ressourcenanalyse

In dem Orientierungsprozess der Problem-, Situations- und Ressourcenanalyse geht es vor allem darum, gemeinsam herauszufinden, welche Problem- bzw. Krisenaspekte auf welche Weise Ausmaß und Intensität des Krisengeschehens beeinflussen und welche

Ressourcen krisenmildernd wirken können. Dies wird am besten durch Fragen unterstützt, die konsequent auf die Faktenebene abzielen und die dadurch gleichzeitig eine Distanz zur Gefühlsebene herstellen:
- »*Was genau ist geschehen?*«
  - »*War es ein einschneidendes Ereignis oder eine Kumulation von Negativereignissen?*«
  - »*Was hat das Fass zum Überlaufen gebracht?*«
  - »*Was ist für Sie der am belastendste bzw. der schlimmste Aspekt des Geschehens?*«
  - »*Was war der letzte Auslöser dafür, dass Sie sich an mich gewendet haben?*«
- »*Wie ist Ihre Gesamtsituation durch diese Geschehnisse jetzt?*«
- »*Welche Möglichkeiten, damit umzugehen, gibt es für Sie?*« (Frage nach persönlichen Ressourcen, deren Validierung das Selbstwirksamkeitserleben fördert)
- »*Wer könnte Sie dabei auf welche Weise unterstützen?*« (Frage nach sozialen Ressourcen)

Zur weiteren Ressourcenanalyse gehört es, sich einen Überblick über die sogenannten äußeren Ressourcen – materiell-finanzielle Lage, Wohn und Arbeitssituation – zu verschaffen, auch um unter Umständen irrationalen Existenzängsten entgegenzuwirken.

Von Beginn an werden individuell abgestimmte psychoedukative Elemente eingesetzt. Dazu gehören das Vermitteln eines verständlichen Krisenmodells als Hilfe für die innere Situationsanalyse – »*Was spielt sich da gerade in mir ab?*« –, wie auch das Angebot einer Relativierung, in dem die unterschiedlichen heftigen emotionalen Reaktionen und die Angst vor dem inneren Kontrollverlust als eine normale allgemeinmenschliche Reaktion auf bedrohlich empfundene Umstände dargestellt werden. Es geht dabei also um Entdramatisieren ohne zu verharmlosen!

(!) BEACHTE: Zur Orientierung nach Innen und zum Entängstigen gehört darüber hinaus die Exploration, Benennung und gemeinsame Bewertung unterschiedlicher psychosomatischer Reaktionsweisen, von Anspannungs- und Erregungszuständen über unterschiedliche Schmerzsyndrome, rezidivierendem Herzklopfen und Schweißausbrüchen bis hin zu Schlafstörungen, gegebenenfalls unter Hinzuziehung ärztlicher Ressourcen.

3.1.3 Problembearbeitung

Auf dem Hintergrund der Problem-, Situations- und Ressourcenanalyse geht es in der Problembearbeitung darum, die bestehenden Ressourcen weiter zu differenzieren und sie emotional zugänglicher zu machen. Zusätzlich kann versucht werden, alte verschüttete Ressourcen zu reaktualisieren und potenzielle, spezifische neue zu entwickeln, die dann in ihrem synergetischen Zusammenwirken und unter Einsatz der Pendeltechnik die Überwindung der Krise ermöglichen. Mögliche Fragen, um soziale Ressourcen zu erschließen, könnten so lauten:

- »*Welche Menschen erleben Sie auf welche Weise in dieser belastenden Situation als Unterstützung, als Hilfe oder einfach als wohltuend?*«
- »*Wer käme darüber hinaus noch in Frage?*«
- »*Wer von den Menschen aus Ihrer Vergangenheit, die Sie als kompetent und hilfreich erlebt haben, könnte Ihnen jetzt – im Inneren Dialog – einen guten Rat geben bzw. Ihnen Mut zusprechen?*« (Arbeit mit *Inneren Beiständen*) und eventuell auch:
- »*Gibt es ein Haustier, das Sie tröstet oder auf gute Weise ablenkt?*«
- »*Wie schaut es mit Ihrer Beziehung zur Natur aus?*« (Tiere und Natur als beruhigender, tröstender Beziehungsaspekt; Petzold, Ellerbrock u. Hömberg, 2019).

Eventuell gilt es auch, zu überlegen und gemeinsam zu klären, ob es hilfreich sein könnte, Angehörige direkt in den Prozess der Krisenintervention einzubinden.

In Bezug auf persönliche Ressourcen sind folgende Fragen und Anregungen hilfreich:
- »*Was könnte Ihnen bekanntermaßen in dieser belastenden Situation guttun?*«
- »*Was könnte Ihnen darüber hinaus vielleicht guttun?*«

- »*Was hat Ihnen früher schon einmal in einer ähnlichen Situation geholfen?*«
- »*Wie könnten Ihnen diese früheren Erfahrungen in der jetzigen Situation ganz konkret nützen?*«

Psychoedukative Elemente vermitteln wissenschaftlich fundierte Kenntnisse, um den Alltag hinreichend gut gestalten zu können und Krisenphänomene abzumildern. Dazu zählt zum Beispiel auf die Vermeidung von unnötigem Zusatzstress hinzuweisen, wie er etwa beim Konsum von Kriminal- oder Actionfilmen entsteht, oder zu moderater körperlicher Betätigung anzuregen und diese zu unterstützen (Spazierengehen, Nordic Walking, langsames Laufen, Gartenarbeit). Denn diese

- ermöglicht Stressabbau und Ablenkung,
- fördert Selbstwirksamkeitserfahrungen (»Damals – im Schock – konnte ich mich nicht bewegen, aber jetzt kann ich es!«),
- dient als Übung, sich in der Gegenwart zu verankern, wenn die Gefahr von Flashbacks besteht,
- ist eine Form der bilateralen Hemisphären-Stimulation, was nach der Theorie der psychotraumatologischen Behandlungsmethode EMDR (Eye Movement Desensitization and Reprocessing) die Verarbeitung belastender Ereignisse unterstützt,
- erzielt eine ähnlich gute Wirkung auf den Serotoninspiegel wie die Einnahme von Serotonin-Wiederaufnahmehemmern (Kheirbek u. Hen, 2015).

Auch die Empfehlung, Achtsamkeitsübungen in Bewegung anzuwenden, kann ein geeigneter psychoedukativer Rat sein:
- Beim Gehen bzw. Laufen bewusst auf das Ausatmen und auf den spürbaren Bodenkontakt achten und eventuell dabei innerlich langsam bis fünf zählen.
- Gedanken und Bilder, die sich aufdrängen »durchziehen lassen, wie Gewitterwolken am Himmel, die vorbeiziehen« (siehe auch das Prinzip »Arbeit mit doppeltem Aufmerksamkeitsfokus«, Sack, 2013).

Leibtherapeutische Interventionen im Sinne eines *Self-Touching-Approach* sollten erklärt werden, da in Schockphasen häufig Gefühle der körperlichen Betäubung auftreten können:
- Anregen, mit den Händen die Oberschenkel fest zu kneten.
- Anregen, mit der einen Hand den anderen Arm fest zu kneten oder die Beine übereinanderzuschlagen und fest gegeneinanderzudrücken.

Es kann zu Aufenthalten und Tätigkeiten in der Natur angeregt und geraten werden, sie mit einer achtsamen Wahrnehmung auf allen Sinnesmodalitäten zu verbinden.

Vor allem in Krisenzeiten, bei schweren Schicksalsschlägen, lebensbedrohlichen Erkrankungen oder Todesfällen kommt dem Bereich der Werte und einer spirituell-religiösen Ausrichtung als möglicher Teil persönlicher Ressourcen ein hoher Stellenwert für die Krisenbewältigung zu. Über halboffene Fragen im Erstgespräch, ganz sicher aber im Folgegespräch, ist es möglich, diese Themen behutsam zu erkunden:
- *»Gibt es etwas, das Ihrem Leben bisher Sinn verliehen hat, etwas, das Ihnen geholfen hat auch schwierige Zeiten zu bewältigen?«*
- *»Welche Werte und vielleicht auch Glaubensüberzeugungen sind für Sie wichtig?«*
- *»Manchen Menschen hilft in derart verzweifelten Situationen das Beten. Wie ist das bei Ihnen, glauben Sie an irgendeine Form einer höheren Macht?«*
- *»Trägt Sie das auch in der gegenwärtig so belastenden Situation?«*

Diese Fragen sind nicht als spirituelle Intervention zu werten, sondern als ein Ernstnehmen, Würdigen und Validieren wichtiger persönlicher Kraftquellen und Identitätsstabilisatoren, die wesentlich zur Krisenbewältigung beitragen können. Möglicherweise wurde durch die gegenwärtige Krise aber auch das bisherige Vertrauen in diese Kraftquellen wesentlich erschüttert und dadurch zusätzlich eine spirituelle Krise ausgelöst (Hofmann u. Heise, 2017). Dies zu wissen, ist für die weitere Krisenintervention durchaus relevant bis hin zu der Überlegung, ob eine entsprechende seelsorgerische

Unterstützung als Ergänzung hilfreich oder sogar notwendig sein könnte. Und natürlich gilt es auch, kritisch zu hinterfragen, ob solche Glaubensinhalte tatsächlich hilfreich sind oder ob ambivalent besetzte, vielleicht sogar destruktive Gottesbilder dahinter wirkmächtig sind.

> **BEACHTE:** Die Anleitung bzw. die Anregung, die Aufmerksamkeit auf eigene Ressourcen zu lenken, kann in der Regel erst dann von den Betroffenen hilfreich aufgegriffen werden, wenn die Therapeutin zuvor das Leidvolle und Bedrohliche ausreichend gewürdigt hat. Notwendig ist ein prozessorientiertes Pendeln zwischen folgenden beiden Polen:
> - Solidaritätsbekundungen sowie das Vermitteln von Mitgefühl und Verständnis einerseits,
> - geduldige, von Psychoedukation begleitete Aufmerksamkeitslenkung auf spezifische, d.h. situationsentlastende Ressourcen und Wohlfühlbereiche andererseits.

Die Pendeltechnik

In der Pendeltechnik werden in einem ersten Schritt spezifische Ressourcen exploriert, auch wenn es für Klienten zunächst schwierig erscheint, sich in dieser Situation darauf einzulassen:

»Auch wenn Sie sich derzeit verständlicherweise noch gar nicht vorstellen können, wie Sie all das Erschütternde, Unfassbare, Schreckliche, Bedrohliche, zutiefst Enttäuschende etc., was geschehen ist, bewältigen können, möchte ich Ihnen trotzdem gerne folgende Fragen stellen:
- *Was funktioniert trotz der aktuellen Krise gut oder zumindest ansatzweise gut in Ihrem Leben?*
- *Auf welche Ihrer Fähigkeiten und Fertigkeiten in welchen Lebensbereichen können Sie sich weiterhin verlassen?*
- *Auf welche Menschen in Ihrem Umfeld können Sie weiterhin zählen?*
- *Wofür sind Sie in diesen schwierigen Zeiten vielleicht sogar dankbar?*
- *Was und/oder wer ist Ihnen angesichts dieser schwierigen Situation das/der Wichtigste in Ihrem Leben?*

- *Was kann, was könnte Ihrem Leben trotz dieser schlimmen Zustände Sinn verleihen?*
- *Was könnte Ihnen in Ihrer belastenden Situation im Moment einfach guttun?«*

Ist man bei spezifischen Ressourcen oder Wohlfühlthemen auf eine gute Weise fündig geworden, dann bietet es sich an, diese über bilaterale Verankerung in ihrer Wirkung zu verstärken. Dies entspricht dem Vorgehen im Sinne der »Position of Power« beim EMDR (Rost, 2008a). Im Prinzip geht es dabei darum, sich diese angenehme und selbstwertstärkende Situation möglichst lebendig über alle Sinneskanäle zu vergegenwärtigen, deren Wirkung auf den Leib ganzheitlich wahrzunehmen, für diese Wirkung ein Wort, einen Begriff, ein Symbol zu finden und zu erkunden, wo im Körper sich die Wirkung, die mit dem Wort, dem Symbol beschrieben wird, am deutlichsten als sogenannter Körper-State manifestiert. Anschließend leitet man dazu an, gleichzeitig oder rasch oszillierend eine kleine Weile auf den Begriff, das repräsentative Bild für die Ressource und den entsprechenden Körper-State fokussiert zu bleiben sowie ein langsames, meditatives, bilaterales Tappen auf den Oberschenkeln oder – aus einer Selbstumarmungshaltung heraus – auf den Oberarmen etwa 8- bis 16-mal durchzuführen.

Die Absorptionstechnik, ebenfalls aus dem EMDR-Ressourcen-Repertoire (Münker-Kramer u. Rost, 2016), lässt sich hier gut anschließen:
- Zunächst wird der am stärksten belastende Aspekt der gegenwärtigen Situation herausgearbeitet (nicht im Erst-, sondern in einem der Folgespräche).
- Danach erfolgt eine Skalierung der Belastung zwischen 0 und 10.
- Anschließend wird die Frage gestellt, welche drei Eigenschaften und/oder Fähigkeiten besonders hilfreich wären, mit dieser belastenden Situation besser umgehen zu können (z. B. Mut, Gelassenheit, Zuversicht).
- Nun lässt man für jede dieser Eigenschaften/Fähigkeiten eine Situation aus der Vergangenheit vergegenwärtigen, in der die Betroffene spürbar über diese verfügt hat.

- Nach dem Muster der *Position of Power* werden alle drei Eigenschaften vergegenwärtigt und über bilaterales Tapping verankert.
- Die Klientin wird ermutigt, mit diesen drei Ressourcen-Situationen innerlich in Kontakt zu bleiben, sich wieder mit der aktuell belastenden Situation zu konfrontieren und zu überprüfen, ob und wie viel sich die Belastungsskalierung vermindert hat.

3.1.4 Abschätzung des Gefährdungspotenzials

Zur Abschätzung des Ausmaßes der Krise und des Gefährdungspotenzials dienen zunächst einmal die Bewertung des Krisenanlasses und der subjektiven Bedeutung für die Betroffenen. Darüber hinaus sind folgende diagnostische Konzepte hilfreich:

Die *OPD-2-Diagnostik:* Je niedriger das Strukturniveau, desto größer ist das Gefährdungspotenzial. Die *Säulen der Identität* (Petzold, 2012): Das Raster der Säulen der Identität dient nicht nur zur Ressourcenanalyse und deren Aktualisierung, sondern auch als weitere Orientierungshilfe, um das Gefährdungspotenzial einzuschätzen. Mit Hilfe sprachlichen Explorierens, Symbolisierungen in Bildern oder szenischen Aufstellungen kann eruiert werden, wie viele dieser Säulen – (1) Leiblichkeit, (2) soziales Netzwerk, (3) Arbeit, Leistung und Freizeit, (4) materielle Sicherheiten und milieu-ökologische Bezüge und (5) Wertorientierungen, weltanschauliche und religiöse Überzeugungen – und in welchem Ausmaß betroffen sind. Die *Zugehörigkeit zu Risikogruppen*, wie sie im Konzept des präsuizidalen Syndroms nach Ringel (1969) und der suizidalen Entwicklung nach Pöldinger (1982) beschrieben werden, helfen ebenfalls, das Suizidrisiko einzuschätzen. Ganz entscheidend für diese Einschätzung ist aber auch das ausreichende Wahrnehmen der sogenannten Gegenübertragungsreaktionen durch den Therapeuten.

Auf einen Blick

Eine weitere Schwierigkeit bei vermuteter Selbst- oder Fremdgefährdung ergibt sich aus dem Umgang mit der Schweigepflicht. Nach Stein (2015) gilt hier folgende Regel: »Je systematischer und realistischer Suizidgedanken oder Gewaltankündigungen sind, je weniger Alternativen erwogen werden, desto gefährlicher ist die Situation und desto mehr Handlungsbedarf [im Sinne einer psychiatrisch-psychotherapeutischen Notsituation; Anm. d. Autoren] besteht« (S. 53).

3.1.5 Behandlungskontrakt

Idealerweise gibt es am Ende des Erstgesprächs einen Behandlungskontrakt, der – leicht modifiziert nach Stein (2015) – folgende Punkte enthält:

- *Inhalt, Sinn und Ziel der Zusammenarbeit besprechen:* Die Zieldefinition sollte realistisch und innerhalb des Zeitrahmens einer Krisenintervention erreichbar sein.
- *Klärung des Settings:* Termine, Erreichbarkeit und der Zeitrahmen müssen transparent sein.
- *Ergebnis des jeweiligen Gesprächs zusammenfassen:* Das Gespräch wird als gemeinsame Arbeit der Klientin und der Therapeutin definiert.
- *Kleine Schritte zur Problemlösung vereinbaren:* Diese sollten bereits nach dem Erstgespräch begonnen werden können. Dabei sind konkrete und detaillierte Vereinbarungen über die unmittelbaren Pläne zu treffen. Es ist zu klären, welche Aufgaben der Berater, der Klient oder jemand anderer übernimmt.
- *Notfallplan besprechen:* Welche Warnzeichen sprechen für eine Zustandsverschlechterung? Welche Tätigkeiten und welche Angehörigen bzw. Freunde könnten dann hilfreich sein? Wohin kann ich mich wenden, wenn sich die Situation weiter zuspitzt und der Therapeut nicht erreichbar ist (z. B. psychiatrischer Not- und Krisendienst, Telefonseelsorge, psychiatrische Ambulanz)?

Auf einen Blick

»Ein Erstgespräch kann [als] positiv bewertet werden, wenn die Kontaktaufnahme gelingt, ein weiterer Termin vereinbart wurde, angenommen werden kann, dass dieser verlässlich eingehalten wird und aktuell keine akute Gefährdung zu befürchten ist« (Stein, 2015, S. 97).

Über die behandelten Themenkomplexe hinaus geht es in einem Erstgespräch auch um Fragen wie

- Psychopharmaka (ja/nein),
- Kontakt zu psychiatrischem oder hausärztlichem Umfeld herstellen (ja/nein),
- Krankenstand (ja/nein),
- Klinikeinweisung (ja/nein).

3.2 Die Folgegespräche

Neben der weiteren verlässlichen professionellen Begleitung, dem Vermitteln von Trost, Zuspruch und Zuversicht, geht es in den Folgegesprächen immer wieder darum, eine aktualisierte ausreichende Problemanalyse und Situationsorientierung zu erarbeiten:

- Im Außen: Was ist noch unklar, welche neuen Fragen/Fakten sind aufgetaucht?
- Im Innen: Was an der psychischen Verfasstheit ängstigt weiterhin, weil es vielleicht so unverständlich ist? Welche Gefühle genau und in welcher Intensität treten jetzt in den Vordergrund?

Die Folgegespräche sollten aber auch an die Inhalte der vorangegangenen Gespräche anschließen:

- Was hat sich im Vergleich zum letzten Mal geändert?
- Was von unseren Vereinbarungen konnte umgesetzt werden?
- Was davon war hilfreich und was weniger?

Diese Feedbackschleifen dienen auch einer kontinuierlichen bzw. prozessualen Diagnostik (Gahleitner, Hintenberger, Jobst u. Kreiner, 2014).

Es wird zudem weiter konsequente Ressourcenarbeit am sozialen Umfeld betrieben: Wer tut Ihnen auf welche Weise in dieser Situation gerade jetzt gut bzw. nicht gut? Die Folgegespräche stellen einen aktiven Erzählraum im Sinne von aktivem Zuhören, Würdigen, Bestätigen, Ausdifferenzieren und Vergegenwärtigen zur Verfügung. Es geht zentral um die Reetablierung einer ausreichend guten Fähigkeit zur Selbstberuhigung:

- Vorhandene Fähigkeiten und persönliche Ressourcen werden identifiziert, aktualisiert und validiert. Ist mit diesem Vorgehen keine ausreichende Fähigkeit zur Selbstberuhigung zu etablieren, kann es hilfreich sein, mit dem Inneren Dialog zu arbeiten und die Betroffenen darin anzuleiten, auf sich selbst beruhigend und tröstend einzuwirken, wie ein kompetenter Erwachsener dies mit einem verängstigten, verzweifelten Kind tun würde (siehe dazu auch das Ego-State-Konzept bei Reddemann, 2016).
- Für viele Menschen mit stark belastenden bis überwältigenden Gefühlen kann das Vermitteln der sogenannten »Klopftechnik« nach Michael Bohne (2010) sehr unterstützend darin sein, das psychosomatische Belastungserleben erheblich zu erleichtern.
- Beim Ansatz der »Problemzentrierten bifokalen Achtsamkeit« (Hofer-Moser, 2018) wird danach gefragt, wo und auf welche Weise die Betroffenen diese Gefühle am stärksten im Körper wahrnehmen. Nach detaillierter Beschreibung der entsprechenden Körperempfindungen werden die Betroffenen angeleitet, mit ihrer inneren Achtsamkeit eine kleine Weile ganz auf diesen Bereich, auf diese körperlichen Empfindungen fokussiert zu bleiben und gleichzeitig auf ein gutes Ausatmen zu achten.
- Weitere Möglichkeiten zur Unterstützung der Klientinnen in der Selbstberuhigung sind das Vermitteln von achtsamkeitsbasierten Übungen wie der Innere sichere Ort (nach Reddemann, 2016; Diegelmann u. Isermann, 2015), die Lichtstrom-

übung (z. B. nach Diegelmann u. Isermann, 2015) oder den Berg berühren (Reddemann, 2016).

Die Folgegespräche unterstützen behutsam bei der Realisierung bedrohlich erlebter bzw. bewerteter Veränderungen und Verluste, bzw. in der schrittweisen Realisierung der subjektiven Bedeutung dieser Veränderung/dieses Verlustes: »*Das ist mir geschehen, auch wenn ich gedacht habe, das passiert nur Anderen. Und das bedeutet, ich muss folgende Hoffnungen, Träume, Lebensentwürfe etc. aufgeben, loslassen, betrauern oder zumindest wesentlich modifizieren.*« Van der Hart, Nijenhuis und Steele (2008) sprechen in diesem Kontext vom Prozess der Personifikation. Nicht zuletzt geht es in den Folgeterminen darum, notwendige Veränderungen aktiv anzustreben: »In der Krisenintervention genügen Einsichten nicht, das aktive Umsetzen in die Realität muss immer wieder gefördert werden« (Stein, 2015, S. 100).

 Praxistipp

In diesen Folgegesprächen sollte es relativ rasch von einer Krisenintervention im engeren Sinn – mit bis etwa fünf Einheiten – zur Krisenbearbeitung kommen. Gelingt eine erste Stabilisierung in dieser Zeit nicht, ist eine Klinikeinweisung zu überlegen oder zumindest eine ambulante psychiatrische Unterstützung zu organisieren.

Praxisbeispiel
Eine ca. 38-jährige Frau kommt mit ihrem Ehemann zum Erstgespräch. Sie wirkt sehr angespannt, hält beim Erzählen oft den Atem an und ist sehr verzweifelt. Sie fühlt sich, obwohl sie in einer höheren medizinischen Beamtenlaufbahn erfolgreich ist, dem hohen Erwartungsdruck ihres Vaters, der auch Arzt ist, und ihrer Schwester nicht mehr gewachsen, seit diese ein »behindertes Kind« auf die Welt gebracht hat. In dieser Familie gilt das Motto: »Bei uns ist alles perfekt«. Nun aber

erschüttert dieses Neugeborene viele Werte und Lebenshaltungen in ihrer Ursprungsfamilie. Die Patientin wird oft gedrängt, sie solle die schwierige Situation im Krankenhaus wie auch zu Hause managen. Denn nach der Geburt sei vieles schief gelaufen im Krankenhaus ...

Sie erzählt auch, dass es eine große Rivalität seitens ihrer Schwester gibt, da diese »nur« Krankenschwester und keine Ärztin ist.

Therapeutin: »*Spüren Sie einmal Ihre Schultern und Ihren Atem, was passiert da gerade?*«

Patientin: »*Ich kann nicht atmen ... es ist wie angehalten ...*«

Die Therapeutin leitet an dieser Stelle dazu an, ruhig ein- und auszuatmen und regt an, die Schulter locker nach hinten zu bewegen in der Intention, die zurückgehaltenen Gefühle und das Erstarren lösen zu helfen.

Die Patientin beginnt zu weinen: »*Der Schreck war so groß.*« Sie erzählt, dass sie sich von den Eltern und der Schwester schon seit längerem distanziert habe, weil diese nur materielle Werte und den äußeren Schein für wichtig halten. Sie habe gehofft, dass sich an dieser Haltung durch das beeinträchtigte Kind etwas ändern würde. Aber dem sei nicht so. Sie sei nun mehr involviert als zuvor. Sie spüre viel Druck von Seiten des Vaters, die Mutter und die Schwester zu unterstützen. »*Es ist mir alles zu viel.*« Auch ihr Ehemann erzählt von seiner schwierigen Außenseiterrolle in dieser Familie, wo er nicht zum »inneren Kreis« gehöre.

Um die Patientin darin zu unterstützen, das innere Chaos zu ordnen und zu differenzieren, regt die Therapeutin diese an, sich im Raum einmal probehalber neu zu positionieren: »*Wo ist hier für Sie ein guter Platz?*« Und sie schließt dann die Frage an: »*Was ist verrutscht in Ihrem Leben? Was möchten Sie für Ihre Schwester und das Baby tun und was vor allem nicht?*«

Das hilft der 38-Jährigen, sich über ihre Situation klarer zu werden. Im Anschluss daran erzählt sie spontan von der guten Beziehung zu ihrem Mann und ihren zwei gesunden Kindern. Die Therapeutin greift dies im Sinne einer Ressourcenaktivierung auf: »*Versuchen Sie zu spüren, während Sie mir von dieser Ihrer Situation erzählen, wie sich das, was so gut läuft, innerlich anfühlt.*« Die Patientin spürt Dankbarkeit: »*Ich bin ein Glückskind.*« Auch die Leitungsfunktion mache ihr

Die Folgegespräche

Freude. Die Therapeutin regt an, sich diese Stärke, das Glück etc. als eine feste Säule vorzustellen, und diese nach außen funkeln zu lassen, mit allem, was darin an Positivem enthalten ist. Gleichzeitig möge sie auch die Abgrenzung dieser Säule nach außen spüren. Es darf nur das zu ihr hineinkommen, was sie selbst hineinlässt! Die Patientin atmet in weiter Folge ruhig und befreit.

Jetzt setzt die Therapeutin die Pendeltechnik ein, indem sie anleitet, zwischen dieser spürbaren Ressource einerseits und ihrem labilisierten Identitätsgefühl (»Ich weiß nicht mehr, wo ich stehe, was ich will …, ich muss funktionieren«) andererseits hin und her zu wechseln: »*Wie fühlt es sich jetzt an, nachdem Sie Ihre Ressourcen/Stärken gut gespürt haben, wenn Sie wieder zu Ihren verzweifelten, verwirrten Gefühlen und dem Schreck hin spüren. Hat sich etwas verändert?*« Die Patientin vergegenwärtigt sich nochmals jenen Schreckmoment, als nach einem anfänglich normalen postpartalen Zustand des Babys die drohende Behinderung durch eine Blutung im Gehirn erkannt wurde. Danach pendelt sie zurück zum Ressourcenbild. Die Therapeutin leitet sie abschließend an, ihren Körper abzustreifen (im Sinne von »den Schreck ausstreifen«). Die Patientin fühlt sich sehr erleichtert und befreit.

In den vier Folgestunden geht es noch um das Thema Abgrenzung zum Vater und zur Mutter mit Hilfe einer Rollenspieltechnik sowie darum, Gefühle wie Trauer und Wut weiter zu lösen und konstruktiv auszudrücken.

3.3 Weitere Kriseninterventionstechniken

In der Regel sollte man sowohl in der Phase der Krisenintervention im engeren Sinn als auch in der Phase der weiteren Krisenbearbeitung mit den bisher angeführten Orientierungshilfen, Leitlinien und konkreten Interventionsstrategien ausreichend gut gerüstet sein. Die folgenden Interventionsmöglichkeiten können bei entsprechend situativer und prozessualer Anwendung und eingeholtem informed consent zusätzlich in Erwägung gezogen werden.

3.3.1 Techniken der inneren Distanzierung

Techniken der inneren Distanzierung werden vor allem eingesetzt, wenn Krisenphänomene übermächtig werden, d. h. wenn Klientinnen sehr in die Krise involviert sind. Ziel ist es, dem inneren Chaos, der Einengung, der Angst, von Gefühlen überschwemmt zu werden, entgegenzuwirken und Exzentrizität und Selbstreflexion zu fördern, die durch die Krise verloren gegangen sind (Petzold u. van Wijnen, 2010). Dies ist vor allem dort notwendig, wo maligne Regressionen drohen. Zu den Techniken der inneren Distanzierung zählen: Exzentrizität fördern, Rollentausch, räumliche Distanz, Kinotechnik, Zeitmaschine, Zukunftsprojektion und das Externalisieren und Symbolisieren über kreative Medien.

Exzentrizität fördern

»In schwierigen und turbulenten Zeiten, ja, da kann es wichtig und hilfreich sein, sich die gesamte Situation einmal aus einer gewissen Distanz anzusehen. Stellen Sie sich vor, Sie betrachten ein großes Bild: Wenn Sie ganz nah am Bild stehen, dann sehen Sie vor allem die Kleinigkeiten sehr, sehr genau. Aber den großen Überblick über das gesamte Bild, den haben Sie dann nicht. Wenn Sie aber ein paar Schritte zurückgehen, dann können Sie auf einmal das ganze Bild sehen. Und etwas, was Ihnen zuerst entgangen ist, wird plötzlich sichtbar. Oder manches sieht vielleicht auf einmal anders aus, wenn Sie das ganze Bild im Blick haben.

Möchten Sie versuchen, diesen Schritt zurückzugehen und dann beschreiben, was Sie in Bezug auf Ihre belastende Situation sehen?«

Rollentausch

Krisen bedrohen immer auch eigene Identitäten. Durch einen Rollentausch werden neue und momentan nicht verfügbare Identitäten erprobt oder aktualisiert. So kann zum Beispiel im inneren Rollentausch ein Freund/Bekannter/Unbekannter auf die Krisensituation des Klienten blicken und aus dieser Perspektive über diese Person sprechen und Fragen wie diese beantworten: »Was würden Sie dieser Person raten?« »Was glauben Sie, wird in fünf Jahren mit dieser Person sein?«

Räumliche Distanz

Auf eine Erhöhung/einen Hochsitz steigen und so aus der Ferne auf die eigene Situation schauen. Diese Technik kann imaginativ oder szenisch eingesetzt werden. Szenisch bedeutet, die Klientin zum Beispiel auf einen Stuhl steigen und von dort auf die zuvor symbolisierte Krisensituation blicken lassen. Als weitere Möglichkeit bietet sich eine imaginative Wanderung auf einen Berg gemeinsam mit der Beraterin an, um von dort auf die Stadt, das Dorf des Klienten, auf sein Haus, seine Wohnung und seine Situation zu blicken, eventuell unter Verwendung eines Fernglases. Im Sinne eines Normalisierens können mit dem Fernglas ähnliche Szenen eingefangen werden, die gerade von anderen Menschen durchlebt werden.

Kinotechnik

Die Klientin sitzt imaginativ im Kino und betrachtet gemeinsam mit dem Therapeuten die Krisensituation bzw. lebensgeschichtlichen Elemente, die zur Krise geführt haben. Weiterführend betätigen sich beide als wohlwollende Kritiker dieses Films, die darüber hinaus unterschiedliche Entwürfe für eine positive Fortsetzung der Handlung diskutieren. Über diesen Zugang wird nicht nur automatisch Distanz und Exzentrizität zum Geschehen hergestellt, sondern es können dadurch auch leichter sinnstiftende Zusammenhänge im Lebenskontext als Ganzem fokussiert werden.

Zeitmaschine

In Krisenzeiten ist der Zukunftshorizont häufig zusammengebrochen und es dominieren Verzagtheit bis Hoffnungslosigkeit. Dann kann es hilfreich sein, Betroffene einzuladen, eine Zeitreise in die Zukunft zu machen – ein Jahr, fünf Jahre –, in eine Zeit, in der voraussichtlich die gegenwärtigen Probleme weitgehend überwunden sein werden. Man regt an, sich diese zukünftige Situation lebhaft auszumalen und auf diese Weise wieder Hoffnung zu schöpfen. Ebenso können Klientinnen zu einer Reise in die Vergangenheit eingeladen werden, zu einem Zeitpunkt, an dem das Leben noch gut verlaufen ist und Selbstwirksamkeit spürbar war. Man lässt daraus prägnante Szenen möglichst lebendig vergegenwärtigen und erkundet dann die leiblichen Auswirkungen dieser Vergegenwärtigung im Hier und Jetzt, z. B. mit der Botschaft: »*Auch wenn es sich anfühlt, als ob Sie in der gegenwärtigen Situation völlig hilflos sind, das sind Sie nicht prinzipiell. Es hat Zeiten gegeben, wo das definitiv anders war, und es wird solche Zeiten wieder geben.*«

Ebenso kann vorgeschlagen werden, entlang der Lebenslinie Rückschau auf vergangene Krisen im Sinne eines Krisenpanoramas zu halten. Der Schwerpunkt liegt dabei darauf, persönliche Ressourcen zu identifizieren, die bei der Bewältigung von eben diesen Krisen geholfen haben. Diese jeweiligen Ressourcen werden bildhaft, durch ein konkretes Symbol aus der Natur oder aus dem breiten Angebot an Gegenständen im Therapieraum symbolisiert und ermöglichen so das Anlegen einer individuellen Schatzkiste.

Technik der Zukunftsprojektion

Mit der Zeit sollte es im Rahmen der Krisenbearbeitung möglich sein, eine neue Sinngebung für die Krise im Sinne eines Reframings zu erarbeiten. »*Nur einmal angenommen, Sie haben etwa in einem halben Jahr diese schlimme Erfahrung halbwegs gut verarbeitet, blicken auf diese sechs Monate zurück und fragen sich: Wie konnte ich diese schlimmen Erfahrungen integrieren? Was habe ich daraus für mein Leben gelernt? Wofür war diese Krise vielleicht sogar gut? Welche Gedanken, Gefühle, kommen Ihnen hier spontan in den Sinn?*«

Externalisieren und Symbolisieren über kreative Medien

Klienten werden ermuntert, für die Krise als Ganzes oder für ihren schlimmsten Aspekt einen symbolischen Ausdruck zu finden und diesen über einen kreativen Ausdruckskanal ihrer Wahl umzusetzen (ikonisch, gestisch, als Bewegung, schreibend etc.). Eine sehr strukturierte und kreative Form dieser Umsetzung ist die »Krisenintervention mit CIPBS« nach Diegelmann (2007). CIPBS steht für Conflict Imagination, Painting und Bilateral Stimulation und ist eine Möglichkeit, eine schonende Traumaarbeit zu strukturieren. Eine andere, ebenfalls sehr kreative Möglichkeit eines hypnosystemischen und leibzentrierten Ansatzes ist TRIMP (Trauma Rekapitulation with Imagination, Motion and Breath) nach Ellen

Spangenberg (2015). Beide Ansätze sind in den angeführten Büchern ausführlich und gut nachvollziehbar beschrieben.

3.3.2 Techniken der inneren Stütze

Benigne Regressionen wirken unterstützend, indem sie zeitweilige Entlastung und Erholung von Krisenphänomenen ermöglichen. Maligne Regressionen bedrohen Ich-Funktionen und sind in der Folge identitätsgefährend. Techniken der inneren Stütze haben also vor allem die Ausgestaltung und Verankerung von positiv-nährenden und kräftigenden Regressionen zum Ziel. Zu diesen Techniken gehören etwa die *Inneren Beistände* und *Orte bzw. Texte der Kraft*.

Innere Beistände

Man lässt den Patienten Menschen aus dem gegenwärtigen sozialen Umfeld, die dem Betroffenen gegenüber auch real mit Mitgefühl, Verständnis und Unterstützung begegnen, in der therapeutischen Situation vergegenwärtigen, erkundigt sich nach der ganzleiblichen Wirkung dieser Vergegenwärtigung, und fragt darüber hinaus, was dieser Mensch ihm wohl in seiner jetzigen Verfasstheit als Trost sagen, welchen Rat er ihm geben würde.

Innere Beistände können aber auch, wie bereits weiter oben angeführt, aktiv aus der Lebensgeschichte erfragt werden. Können solche verinnerlichten, hilfreichen gegenwärtigen oder biografischen Beistände nicht gefunden werden, kann man mit der Klientin versuchen, einen inneren Beistand gemeinsam zu kreieren und zu imaginieren. »*Was müsste das für ein Mensch sein? Ist es ein Mann oder eine Frau? Wie sieht er/sie ganz genau aus? Wie alt ist er/sie? Welchen Dialekt spricht er/sie? Und was sagt er/sie ganz genau, damit es gerade jetzt für Sie hilfreich und unterstützend sein könnte?*« Es ist auch möglich, auf Gestalten aus Mythen, Märchen und Filmen zurückzugreifen.

Orte, Texte, Zeichen und Gesten der Kraft

Neben *Orten der Kraft* können auch *Texte der Kraft,* die literarisch das krisenrelevante Thema zum Inhalt haben, hilfreich sein, wie beispielsweise Hermann Hesses Gedicht »Stufen« zum Thema Veränderung und Loslassen. Diese Texte der Kraft werden von der Beraterin zur Verfügung gestellt oder die Klientinnen selbst verfügen darüber.

Unter *Zeichen der Kraft* versteht man symbolisch aufgeladene Gegenstände, die helfen, Ressourcen zu aktualisieren und verfügbar zu halten. So können Klienten ermuntert werden, einen Gegenstand aus dem Beratungszimmer auszuwählen und mitzunehmen. Diese Symbole bieten als Übergangsobjekte eine verlässliche Unterstützung, da sie positive Erlebnisse im Therapieraum aktualisieren und gegenwärtig halten.

Auch *Gesten der Kraft* können unterstützend wirken. Als solche kann beispielsweise eine vor der Brust geballte rechte Faust, die gegen die flach aufgestellte linke Hand drückt, gewertet werden, da die Geste kontrollierte Aggression und gute Wehrhaftigkeit ausdrückt (vgl. Höhmann-Kost, 2018, S. 153). Solche Gesten aktualisieren ebenfalls Ressourcen und halten sie verfügbar, wobei die Wirkung sich gut über den Embodiment-Ansatz (Storch, Cantieni, Hüther u. Tschacher, 2010; Croos-Müller, 2013) erklären lässt.

3.3.3 Techniken zur Verankerung von Realität

Eine natürliche Reaktion in der Krise sind Ausweichbewegungen. Deshalb gehen Ratsuchende zu sich selbst auf Distanz, mit der Gefahr eines (zeitbedingten) Realitätsverlustes. Durch die Fokussierung auf Ich-Funktionen wird dem drohenden Realitätsverlust entgegengewirkt.

In einem *kognitiven Krisengespräch* kann eine dosierte, beziehungsunterfangene Konfrontation mit der Realität und/oder mit realistischen Alternativen sowie die Vergegenwärtigung von Lebenswünschen dabei helfen, regressiven Tendenzen entgegenzuwirken.

Wenn eine ausreichende emotionale Beruhigung eingetreten ist und eine ebenso ausreichende Problem- und Situationsanalyse durchgeführt werden konnte, ermöglicht eine *Ziele-Arbeit*, den Blick in die Zukunft zu öffnen. Folgende Fragen sind dafür hilfreich:

- *»Was könnte in der gegenwärtigen Situation, wie wir sie jetzt herausgearbeitet haben, für Sie ein konkretes, realistisches Ziel sein, und zwar eines, das von anderen Personen unabhängig ist?*
- *Was brauchen Sie, um vom Jetzt-Zustand zu diesem Ziel zu kommen?*
- *Woran müssen Sie glauben, um vom Jetzt-Zustand zu diesem Ziel zu kommen?*
- *Was müssen Sie tun, um vom Jetzt-Zustand zu diesem Ziel zu kommen?*
- *Was könnte Sie unterstützen, dieses Ziel zu erreichen?*
- *Wie könnte ein erster, kleiner, realistischer Schritt in diese Richtung ausschauen?*
- *Wie könnten Sie mit Sicherheit verhindern, dass Sie ihr Ziel erreichen?*
- *Was ist am Ist-Zustand auch gut?*
- *Angenommen Sie haben Ihr Ziel erreicht: Woran ganz konkret – Denken, Gefühle, Verhalten – werden Sie bemerken, dass Sie dieses Ziel erreicht haben? Woran wird es Ihr soziales Umfeld – Partnerin, Familie, Freunde, Arbeitskollegen – bemerken?*
- *Was wird sich dadurch auf welche Weise in Ihrem Leben positiv verändern?*
- *Was ist vielleicht auch der Preis, der dafür zu zahlen ist?*
- *Wie wird vermutlich Ihr soziales Umfeld – Partner, Familie, Freunde, Arbeitskolleginnen – darauf reagieren, sowohl im Positiven wie im Negativen?«*

3.4 Der Abschluss

Die Folgegespräche finden ihren vorläufigen Abschluss, wenn
- ein ausreichendes Verständnis des Krisenverlaufes erarbeitet werden konnte,
- ein ausreichendes emotionales Erfassen der subjektiven Bedeutung, also Realisation und Personifikation (van der Hart et al., 2008) stattgefunden hat,
- eine ausreichende Fähigkeit zur Selbstberuhigung und gegebenenfalls auch Selbsttröstung etabliert werden konnte,

- eine ausreichende von Hoffnung und Zuversicht getragene Reorientierung im und Reorganisation des Lebens mit neuen erstrebenswerten Zielen erreicht werden konnte, auch wenn diese Reorientierung möglicherweise die Erkenntnis einschließt, dass eine weiterführende konventionelle Psychotherapie sinnvoll ist.

Eine gute Nachbereitung einer Krise ist die beste Prophylaxe für zukünftige Krisen. Diese gute Nachbereitung konsolidiert die Neuorientierung bzw. Neuorganisation. Folgende Fragen sollten dazu bis zum Abschluss einer Krisenintervention ausreichend behandelt worden sein (nach Rahm, Otte, Bosse u. Ruhe-Hollenbach, 1993):
- Was genau ist passiert? Wie? Wodurch? Wie hat sich die Krise für mich/für andere bemerkbar gemacht? Wie haben sich meine Gefühle in dieser Zeit verändert?
- Welche meiner Fähigkeiten haben mir durchgeholfen und sind dabei gewachsen?
- Was war mir an mir selbst neu und hat sich bewährt?
- Was könnte für mich immer wieder krisenauslösend sein (persönliches Krisenpotenzial)?
- Welche zukünftigen Lebenskrisen lassen sich voraussehen? Was habe ich jetzt schon darüber erfahren, wie ich mit kommenden Krisen besser umgehen kann?

 Praxistipp

Aufgrund der hohen emotionalen Dichte von Kriseninterventionen und dem daraus in der Regel resultierenden ebenso dichten therapeutischen Beziehungsgeschehen ist es wichtig, dass die Beendigung der Krisenintervention rechtzeitig zum Thema gemacht wird, sodass diese gut vorbereitet und möglicherweise entstehenden Abhängigkeitsprozessen ausreichend entgegengewirkt werden kann.

Take-Home-Message

- Krisenintervention erfordert eine aktive Kontakt- und Beziehungsarbeit.
- Ziel der Krisenintervention ist es, durch Entlastung sowie über das Heranführen von Ressourcen eine erste emotionale Beruhigung zu erreichen und einen positiven Zukunftshorizont wieder zu eröffnen.
- Bei einem Erstgespräch geht es darum, eine Problem-, Situations- und Ressourcenanalyse zu erstellen, das Gefährdungspotenzial abzuschätzen, Emotionen dort zu lösen, wo sie festgehalten sind, sowie einzudämmen, wo Überschwemmung droht, und einen realistischen Behandlungskontrakt zu schließen.
- In den Folgegesprächen steht die Problembearbeitung im Vordergrund. Diese erfolgt über das Pendeln zwischen einer Fokussierung auf wesentliche Problemaspekte und der Aktivierung spezifischer Ressourcen, die sich für die Bewältigung der Krise als hilfreich erweisen.
- Wenn notwendig, ist es Aufgabe der professionellen Helfer, stellvertretend eine Atmosphäre der Hoffnung bereitzustellen.
- In der Krisenintervention sind vertiefende und destabilisierende Techniken zu vermeiden.

4 Suizidalität

Unter dem Begriff Suizidalität werden die Phänomene Suizidgedanken, Suizidpläne, Suizidversuche und vollendete Suizide zusammengefasst. Im Prinzip kann fast jeder Mensch in eine Situation der Verzweiflung, Hoffnungslosigkeit, Unerträglichkeit und Ausweglosigkeit geraten, die ihn zumindest an Suizid als möglichen Ausweg denken lässt. In den unterschiedlichen Störungsmodellen werden folgende Indikatoren bei der Entstehung von Suizidalität angeführt (Teismann u. Dorrmann, 2014; Reichel, 2018):

- Habituelle Hoffnungslosigkeit, fehlende Zukunftsperspektive: »Es ist vorbei, es hat alles keinen Sinn mehr!«
- Unerträglichkeitsüberzeugungen in Bezug auf das gegenwärtige Leben: »Unter den gegenwärtigen Umständen kann und will ich so nicht weiterleben!«
- Ein ausgeprägtes Gefühl sozialer Isolation: »Ich würde sowieso niemandem fehlen!«
- Die feste Überzeugung, für andere eine Belastung zu sein und damit verbundene große Schuldgefühle: »Ich bin den anderen eine ständige Zumutung. Ich habe es nicht verdient, zu leben.«
- Extreme Hilflosigkeitsgefühle angesichts niederschmetternder bzw. demütigender Geschehnisse: »Ich will einfach nur, dass das aufhört. Mit dieser Schmach kann ich nicht leben.«
- Allgemeine Lebensmüdigkeit bis hin zum Lebensüberdruss: »Es ist einfach genug, ich mag nicht mehr.«
- Todessehnsucht, die häufig im Zusammenhang mit Trauerfällen als Sehnsucht der Hinterbliebenen, dem Verstorbenen nachzusterben, auftritt: »Ich möchte wieder bei ihm/ihr sein.«
- Rachegefühle: »Das wird ihm/ihr/ihnen noch ewig leidtun.«

Auf der Suche nach den Ursachen für suizidales Verhalten muss neben der Motivationslage im Sinne des biopsychosozialen Modells auch die Genetik miteinbezogen werden. Wahrscheinlich besteht ein Zusammenspiel zwischen einerseits erniedrigter, teils angeborener serotoninerger Aktivität und einer damit verbundenen erhöhten Vulnerabilität der Stresssysteme (vor allem bei impulsiven Suizidhandlungen) und andererseits biografisch bedingten Persönlichkeitsfaktoren sowie deren Aktualisierung unter gegenwärtigen allgemeinen und spezifischen Stressfaktoren.

Gleich zu Beginn scheint es angebracht, über passende Begrifflichkeiten nachzudenken. Der Begriff Selbstmord gilt als überholt, auch wenn er in unserer Gesellschaft immer noch in Gebrauch ist. Er verweist in eine Zeit, in der die Kirche verbot, Selbstmörder in geweihter Erde zu begraben, da diese sich eine Tat angemaßt hätten, die nur Gott allein zustehe. Auch der Begriff Freitod ist problematisch, da er so etwas wie eine echte freie Entscheidung suggeriert. Das trifft vermutlich nur in seltenen Fällen zu, eventuell im Kontext von fortschreitenden infausten Erkrankungen bei noch bestehender geistiger Klarheit und Urteilsfähigkeit. Der Begriff Selbsttötung ist aufgrund seiner phänomenologischen Ausrichtung vielleicht noch der stimmigste. Die Verwendung des lateinischen Begriffes Suizid bietet ebenfalls einen Ausweg, weil er in der Regel neutraler wirkt und dadurch etwas Distanz vermittelt. In dem sehr empfehlenswerten Buch »Vom Sinn des Sterbens. Gedanken und Anregungen für den Umgang mit Sterben und Sterbenwollen« von René Reichel (2018) finden sich, neben vielen hilfreichen und wertvollen lebenspraktischen bis philosophischen Anregungen zum familiären und gesellschaftlichen Umgang mit Sterbenden, auch solche zum Thema Suizid.

Ein Standpunkt der Diskussion ist also geprägt von der Vorstellung des Suizids als Verwirklichung menschlicher Freiheit, ja vielleicht sogar des Rechts auf Suizid. Die andere Auffassung beschreibt Suizidalität als psychopathologische Einengung der Willensfreiheit und der Fähigkeit zur Selbstverantwortung in einer schweren Depression, einer schweren PTBS oder einer akuten Psychose. Im letzteren Fall ist es notwendig, als Arzt, als Therapeutin oder als Beraterin vorübergehend stellvertretend diese Verantwortung zu übernehmen, bis die Betroffenen wieder selbst dazu in der Lage sind.

Letztlich gilt es nach Reichel (2018), Suizid nicht verengend nur aus einer medizinisch-pathologischen Perspektive zu begreifen, sondern ebenso soziokulturelle, historische, moralisch-ethische, rechtliche und philosophische Aspekte miteinzubeziehen.

4.1 Allgemeine Aspekte

Im Folgenden werden zunächst einige allgemeine, vor allem epidemiologische Aspekte zur Suizidalität dargestellt, bevor auf therapeutische Strategien im Umgang mit suizidalen Menschen fokussiert wird.

4.1.1 Epidemiologie

Laut Statistik Austria sind 2016 in Österreich 1.204 Menschen an Suizid verstorben, also etwa 15 Personen auf 100 000. Das betraf 907 Männer und 297 Frauen, was ungefähr einem Verhältnis von 3 zu 1 entspricht. Durch Mord sind im selben Jahr lediglich 43 Menschen zu Tode gekommen. Laut Statistischem Bundesamt (2019) betrug 2016 in Deutschland die Suizidrate 11,9 auf 100 000 Einwohner, wobei das Verhältnis zwischen Männern und Frauen auch etwa 3 zu 1 betrug. Interessant ist vielleicht ein interkultureller Vergleich, wonach »in der Volksrepublik China die Suizidrate bei den jungen Frauen in den ländlichen Gebieten deutlich höher ist als die der gleichaltrigen Männer« (Witte, 2010, S. 255). Lediglich bei Ärzten war das Verhältnis zwischen Männern und Frauen weitgehend ausgeglichen. Rund 45 % aller Suizide entfällt auf Menschen, die über 60 Jahre alt sind. Im Alter zwischen 15 und 24 ist Suizid die zweithäufigste Todesursache. Insgesamt übersteigt in Mitteleuropa die Zahl der Todesopfer durch Suizid deutlich jene aus dem Straßenverkehr und die Suizidrate ist, mit Ausnahme der USA, sogar mehr als zehnmal so hoch als die Zahl der durch fremde Gewalt zu Tode gekommenen Personen. Zu bedenken ist darüber hinaus, dass auf jeden vollzogenen Suizid etwa 10 bis 25 Suizidversuche mit vermutlich großer Dunkelziffer kommen. Hierzu ist anzumerken: »Suizidversuche werden häufiger von Frauen als von Männern und häufiger in der Adoleszenz und dem jungen Erwachsenenalter als in höherem Lebensalter durchgeführt. Somit verlaufen Suizid- und Suizidversuchsraten hinsichtlich der Alters- und Geschlechterstruktur gegenläufig: Suizidversuchsraten sind bei jungen Frauen am höchsten, die Suizidraten hingegen bei alten Männern« (Teismann u. Dorrmann, 2014, S. 9).

Die Statistik weist bei den Suizidmethoden Suizide durch Erhängen, gefolgt von Medikamenteneinnahme, Sturz aus großer Höhe, den Gebrauch von Schusswaffen (vor allem bei Männern) und dem Sich-vor-ein-bewegendes-Objekt-Legen am häufigsten aus. Suizide machen weltweit etwa 1,5 % aller Todesfälle aus (Teismann u. Dorrmann, 2014).

Es besteht seit vielen Jahren mit der Presse die Abmachung, über Suizide nur in Ausnahmefällen zu berichten, um Nachahmungs- bzw. Imitationshandlungen – den sogenannten Werther-Effekt – zu verhindern. Dies führt allerdings dazu, dass das Problem der Suizide und Suizidversuche in der Öffentlichkeit deutlich unterschätzt, manchmal auch verharmlost wird.

4.1.2 Risikogruppen

Für Suizidalität sind bestimmte Gruppen besonders anfällig. Zu ihnen gehören beispielsweise *depressive Personen und Menschen mit bipolaren Erkrankungen:* Insbesondere bei positiver Familienanamnese bezüglich Suizidalität ist von einem hohen Risiko auszugehen. Eine Ausnahme sind hier schwer depressive Menschen mit Antriebslosigkeit. Bei ihnen ist die Suizidgefahr dann am größten, wenn die Depression bereits im Abklingen ist, der Antrieb wieder stärker wird, die Stimmung aber noch von Verzweiflung geprägt ist. Ähnliches gilt für das Ausklingen einer manischen Phase, in der die Betroffenen realisieren, was sie in der Manie alles angerichtet, z. B. sich extrem verschuldet haben. Für diese Personengruppe gilt nach Stein (2015), dass »die Suizidrate zwanzig Mal höher ist als beim Durchschnitt der Bevölkerung« (S. 56). *Menschen, die an*

Schizophrenie erkrankt sind, bilden eine Gruppe mit einer Lebenszeitsuizidmortalität zwischen 1,8 und 5,6 %. Sie liegt damit geringfügig unter derjenigen von Menschen mit Depressionen (Teismann u. Dorrmann, 2014).

Bei *Menschen mit schweren Persönlichkeitsstörungen* ist von einer Lebenszeitsuizidmortalität von generell um die 2 % auszugehen, bei Borderlinestörungen sogar von 4,5 % (vor allem zwischen dem 20. und 30. Lebensjahr, bei narzisstischen Persönlichkeitsstörungen liegt der Häufigkeitsgipfel zwischen dem 30. und 50. Lebensjahr). Mangelnde Impulskontrolle in der Kombination mit Kränkungen, große Reizbarkeit, Rachefantasien, ausweglos erscheinende Partnerkonflikte, massive Selbstabwertung und Selbsthass sowie große Schuldgefühle sind im Kontext der Persönlichkeitsstörungen ernstzunehmende Hinweise auf Suizidalität.

Menschen mit einer Posttraumatischen Belastungsstörung haben ein etwa achtfach erhöhtes Suizidrisiko gegenüber dem Durchschnitt. Menschen mit komplexen Traumafolgestörungen, besonders wenn ihnen Missbrauchserfahrungen in der Kindheit zugrunde liegen, sind besonders gefährdet, eine chronische Suizidalität zu entwickeln.

Alte und vereinsamte Menschen bilden eine weitere Risikogruppe für Suizidalität. Als besonders gefährdet gelten vor allem Männer, deren Suizidrate ständig zunimmt.

Menschen mit einer unheilbaren Erkrankung, hier sind vor allem Patienten mit Krebserkrankungen betroffen, wobei »das Suizidrisiko in zeitlicher Nähe zur erstmaligen Diagnosestellung am höchsten ist« (Teismann u. Dorrmann, 2014, S. 11), haben ebenfalls eine erhöhte Suizidrate. Auch Menschen mit einem *chronischen Schmerzsyndrom* zählen zu dieser Risikogruppe, ebenso wie *alkohol-, drogen- und medikamentenabhängige Patienten und – ganz wichtig – Personen, die einen Suizid ankündigen oder bereits einen Suizidversuch unternommen haben,* verbleiben oftmals in der Risikogruppe für Suizidalität. Etwa 30 % der Menschen, die bereits versucht haben, sich das Leben zu nehmen, verüben in den folgenden zehn Jahren mindestens einen weiteren Versuch, wobei die Gefährdung in den ersten zwei Jahren nach einem Versuch am höchsten ist. 4,6 % dieser Personengruppe versterben an einem Suizid (Teismann u. Dorrmann, 2014).

Als Kurzschlusshandlung können *Menschen in tiefen Krisen* Suizid verüben und gehören deshalb ebenfalls zu den Risikogruppen.

4.2 Professionelle Strategien im Umgang mit suizidalen Menschen

Menschen in suizidaler Einengung befinden sich in einer tiefen Lebenskrise. Im Prinzip gelten für den professionell hilfreichen Umgang mit ihnen daher dieselben Grundhaltungen und Leitlinien für die Beziehungsaufnahme, die Beziehungsgestaltung und die konkreten Interventionen, wie sie bereits im Kapitel über Krisen allgemein ausgeführt worden sind. Dies gilt insbesondere für eine aktive, zugewandte, Verständnis vermittelnde und gut strukturierende Beziehungsgestaltung, die jedoch gerade bei Suizidalität in ihrer Aktivität keinen bedrängenden Charakter annehmen darf. Darüber hinaus gilt es jedoch, einige spezifische Aspekte zu berücksichtigen. In erster Linie spiegeln sich diese in den folgenden Fragen wider:
- Wie erkenne ich ernsthafte Suizidalität? Wie kann ich das Suizidrisiko abschätzen?
- Wie gehe ich mit fraglicher Suizidalität um?
- Wie gehe ich mit expliziter, manifester Suizidalität um?
- Wann und wie veranlasse ich eine stationäre Unterbringung?

4.2.1 Abschätzung des Suizidrisikos
Diesem Abschnitt gilt es, folgende Überzeugung von René Reichel (2018) voranzustellen:

»Wir dürfen keine Illusionen haben: Manchmal gibt es keine Anzeichen für Suizidalität. Immer wieder kommt es nach einem Suizid zu Vorwürfen, man hätte es doch bemerken müssen. […] Es ist aber nicht immer erkennbar. Manche Suizidabsichten sind so tief versteckt, dass sie selbst dem Suizidanten nicht bewusst

sind. Dann müssen wir [diese] [...] *Unfassbarkeit* respektieren«
(S. 208 f.; Herv. der Autoren)

Nichtsdestotrotz sind wir Ärzte, Berater, Sozialarbeiter und Therapeutinnen uns selbst und der Gesellschaft gegenüber verpflichtet, im Wissen um diese Unsicherheit, eine rationale Abschätzung des Suizidrisikos vorzunehmen. Dazu dienen vor allem die folgenden fünf Parameter:
1. Anlass und Ausmaß der Krise (fünf Säulen der Identität),
2. Gegenübertragungsphänomene,
3. Zugehörigkeit zu einer Risikogruppe,
4. Präsuizidales Syndrom nach Ringel (1969),
5. Konzept der suizidalen Entwicklung nach Pöldinger (1982).

Punkt eins wurde bereits im Kapitel über Krisen abgehandelt und Punkt drei im vorangegangenen Abschnitt dargestellt.

Das präsuizidale Syndrom (1953) nach dem Wiener Psychiater Erwin Ringel (1921–1994) fokussiert drei Bereiche: Einengung, Aggressionsumkehr, Suizidfantasien. Die Einengung bezieht sich auf unterschiedliche Aspekte:

- Die *situative Einengung* entspricht der Einengung der persönlichen Gestaltungsmöglichkeiten und ist in der Regel mit dem Krisenanlass und dessen subjektiver Bewertung identisch.
- Die *psychodynamische Einengung* bezieht sich auf eine eingeengte Wahrnehmung, auf eingeengtes Denken, Fühlen und Handeln, insbesondere aber auf die reduzierte affektive Ansprechbarkeit. Zentral ist das Gefühl der Einsamkeit und Aussichtslosigkeit, das Sich-abgeschnitten-Fühlen von den Mitmenschen, von der Welt und ihren Möglichkeiten und vielleicht auch von spirituellen Zugängen.
- Die *zwischenmenschliche Einengung* zeigt sich vor allem als sozialer Rückzug bzw. in einem ausgeprägten Gefühl der Isolation und Einsamkeit.
- Die *Einengung der Wertewelt* manifestiert sich häufig im Sinn eines kognitiven depressiven Gedankenkreisens: »Alles ist sinnlos, ich bin schuld, ich habe das verdient.«

Die *Aggression* ist nach Ringel (1953) gehemmt und weitgehend gegen die eigene Person, also nach innen gerichtet, vor allem wenn Schuldgefühle dominieren.

Bei *suizidalen Ideen bzw. Fantasien* können folgende ansteigenden Intensitätsstufen der Einengung unterschieden werden:
- Unspezifische Gedanken: »Das Leben ist nicht lebenswert.«
- Spezifische Gedanken: »Ich wollte, ich wäre tot.«
  (BEACHTE: Suizidgedanken sind gerade unter Jugendlichen sehr verbreitet und bedeuten in vielen Fällen noch keine manifeste Suizidabsicht.)
- Ideen mit Suizidabsicht: »Ich denke daran, mich zu töten.« Diese Ideen können aktiv hervorgebracht werden, z. B. aus Wut oder passiv, indem sich diese Gedanken infolge Verzweiflung aufdrängen. Letzteres ist als erheblich schwerwiegender einzuschätzen.
- Ideen mit einem konkreten Suizidplan: »Ich denke daran, mich mit … umzubringen.«

Das Konzept der suizidalen Entwicklung (1968) des Wiener Psychiaters Walter Pöldinger (1929–2002) geht ursprünglich von der Annahme aus, dass nahezu jedem Suizid eine besondere psychodynamische phasenhafte Entwicklung vorausgeht. Dies gilt jedoch aus heutiger Sicht in erster Linie nur für Menschen mit einer depressiven Störung. Gerade bei impulsivem Verhalten kann die Zeit zwischen Entschluss und Ausführung sehr kurz sein, eventuell sogar im Minutenbereich liegen. Teismann und Dorrmann (2014) zitieren Studien, nach denen 30 bis 40 % der Suizidversuche ohne vorausgehende Planung durchgeführt werden. Trotzdem ist dieses Konzept nach Pöldinger weiterhin eine gute Orientierungshilfe, aber eben nur eine unter mehreren. Es nennt folgende Parameter, mit denen das Suizidrisiko eingeschätzt werden kann:
- *Erwägung:* Der Suizid wird als Möglichkeit, als Ausweg aus einer als ausweglos bzw. als zunehmend unerträglich bewerteten Situation, in Betracht gezogen.
- *Abwägung:* »Soll ich, soll ich nicht« als Ausdruck einer ambivalenten, festgefahrenen Situation. Sozial äußert sich diese Phase

in Form leiser Hinweise bis hin zu direkten Suizidankündigungen bzw. bis zu Suiziddrohungen.
- *Entschluss:* Es tritt eine scheinbare Entspannung bei weiterhin gegebenem Krisenanlass ein, wobei die Betroffenen auffallend ruhig, wie abgeklärt oder auch wie abwesend wirken. Der Psychoanalytiker Jürgen Kind (2011) bezeichnet dieses Phänomen als »Ruhe *nach* dem Sturm«. Es kommt zunächst zu Vorbereitungshandlungen wie dem Anhäufen von Medikamenten, Verfassen oder Ändern eines Testamentes, Verschenken von wertvollen Gegenständen oder der Beantragung einer Schusswaffe und dann zur konkreten Planung. Das Suizidarrangement (Ort und Zeit der geplanten Handlung) gibt Auskunft darüber, wie schwer der Betroffene nach der Handlung gefunden werden möchte. Die Suizidmethode (Schusswaffe, Medikamente etc.) gibt Auskunft darüber, wie entschlossen der Betroffene ist, dass er damit tatsächlich Erfolg hat.

BEACHTE: Suizidgedanken bedeuten noch nicht Suizidabsicht und Absicht ist noch kein unwiderruflicher Entschluss.

Praxistipp

Die in Therapeutinnen durch möglicherweise suizidale Klienten ausgelösten Gefühle, die sich als Gegenübertragungsphänomene in Form von Sorge, Irritation, Unruhe, Hoffnungslosigkeit, Wut, Ohnmacht oder Insuffizienzgefühlen äußern, sind absolut ernst zu nehmen.

Es gilt die Regel, dass eine fragliche Suizidalität unbedingt anzusprechen ist. Bestätigt sich dadurch eine Suizidabsicht, dann sind alle damit in Zusammenhang stehenden Umstände offen und ausführlich zu erörtern. Das wird in der Regel von den Betroffenen wie von den professionellen Helfern als entlastend erlebt.

4.2.2 Fragen an latent suizidale Patientinnen

Teismann und Dorrmann (2014) haben einen Fragenkatalog entwickelt, mit dessen Hilfe die Suizidalität besser eingeschätzt werden kann. Die Ärztin, Therapeutin, Beraterin fragt den Klienten:

- »Sie haben vorhin etwas gesagt, das ich nicht ganz verstanden habe. Könnte es sein, dass Sie gar nicht mehr leben wollen?«
- »Ich kann gut nachvollziehen, dass Sie sich in einer sehr schwierigen, sehr belastenden, sehr kränkenden Situation befinden. Muss ich mir Sorgen machen, dass Sie sich selbst etwas antun könnten?«
- »Haben Sie schon einmal daran gedacht oder denken sie momentan daran, sich das Leben zu nehmen?«
- »Manche Menschen, die sich in einer ähnlichen Situation wie Sie befinden, denken, dass sie für ihre Angehörigen eine große Last sind und es daher besser wäre, sie würden tot sein. Kennen Sie solche Gedanken auch von sich selbst?«

Bejahen Klienten eine dieser Fragen, muss das eigentliche Suizidrisiko auf dem Hintergrund der oben genannten fünf Parameter eingeschätzt werden. Stellt sich heraus, dass ein ernsthaftes Risiko vorliegt, gilt es vor allem, Zeit zu gewinnen und die lebensbejahenden Seiten der Klienten zu stärken. Bevor die Betroffenen jedoch auf diese lebensfördernden Interventionen ansprechen können, ist es ganz wichtig, zunächst das suizidale Verhalten als Notsignal zu akzeptieren und ausreichend ernst zu nehmen. Das heißt, es geht darum, nicht vorschnell zu trösten, Probleme nicht vorschnell argumentativ zu relativieren, sondern den Todeswunsch in seiner vollen subjektiven Bedeutung zu akzeptieren, zu verstehen und dieses Verständnis dann auch zu vermitteln. »Dies [gilt] ganz unabhängig davon, wie angemessen und nachvollziehbar dem Therapeuten dieser Wunsch erscheint« (Teismann u. Dorrmann, 2014, S. 45). Dies geschieht am besten dadurch, dass sowohl das Ausmaß der suizidalen Entwicklung als auch der Hintergrund des Todeswunsches exploriert und explizit in einem gemeinsamen Dialog zur Sprache gebracht wird.

Dörner (1991) geht hier noch einen Schritt darüber hinaus, indem er beim Betroffenen explizit das Recht auf dessen Leben und damit ein Recht auf Suizid anerkennt. Er vermittelt in selektiver Offenheit, dass er diesen Impuls nicht nur versteht, sondern dass ihm dieser Impuls selbst nicht gänzlich fremd ist. Dadurch bestünde die Chance, dass sich das Gefühl der Ausweglosigkeit und der existenziellen Einsamkeit beim Betroffenen verringert. Dann erst ist es in der Regel hilfreich, auf Zeitgewinn hinzuarbeiten bzw. die lebensbejahenden Aspekte in den Fokus zu rücken.

4.2.3 Fragen an manifest suizidale Patientinnen

Verfestigt sich bei der Befragung der Eindruck, es mit einer manifest suizidalen Patientin zu tun zu haben, werden die Fragen konkreter (Sonneck, Kapusta u. Kapitany, 2011; Stein, 2015; Teismann u. Dorrmann, 2014):

- *»Wie oft und wie intensiv denken Sie derzeit daran, sich das Leben zu nehmen?«*
- *»Drängen sich die Suizidgedanken auf, ohne dass Sie das wollen?«*
- *»Was löst diese Gedanken, diese Impulse in erster Linie aus?«*
- *»Was ist es eigentlich im Moment genau, dass Sie in der Überzeugung bestärkt, es wäre für Sie besser, jetzt zu sterben? Welche Dinge im Leben, welche Gründe führt der Teil in Ihnen, der sich den Tod wünscht, dafür an?«*
- *»Wie stark ist Ihre aktuelle Absicht, diesen Todeswunsch tatsächlich umzusetzen, z. B. auf einer Skala von 0 bis 10?«*
- *»Woran würden Sie merken, dass die Gefährdung zunimmt bzw. abnimmt?«*
- *»Woran denken Sie da genau, haben Sie einen Plan?«*
- *»Wie würden Sie es genau machen? Wann? Wo?«*
- *»Welche Vorbereitungshandlungen haben Sie vielleicht schon gesetzt: Medikamente gesammelt, sich eine Waffe besorgt, einen Abschiedsbrief geschrieben?«*
- *»Gab es bereits frühere eigene Suizidversuche oder Suizide in der Familie, im Freundeskreis?«*
- *»Was waren die Gründe, die Anlässe für eigene frühere Suizidversuche?«*
- *»Wenn Sie auf die letzten sechs bis acht Wochen zurückblicken. Wie oft bzw. auch wie ernsthaft haben Sie da daran gedacht, sich das Leben zu nehmen?«*

- »*Gibt es auch Zeiten oder einfach auch nur Momente, in denen Sie nicht daran denken, sich das Leben zu nehmen? In welchen Situationen kommt das vor? Was ist da anders?*« (Suche nach den Ausnahmen)
- »*Trotz all dieser hochbelastenden Umstände in Ihrem Leben: Wie haben Sie es bisher geschafft, zu überleben bzw. den Todeswunsch doch noch nicht in die Tat umzusetzen? Was trägt vielleicht trotz alledem in Ihrem Leben? Wer oder was schützt Sie vielleicht auch?*«
- »*Haben Sie schon mit jemanden über Ihre Suizidabsichten gesprochen? Weiß jemand davon?*« (Frage nach den sozialen Ressourcen)
- »*Haben Sie jemanden, dem Sie sich in dieser schwierigen Situation anvertrauen können? Wer könnte da auf welche Weise hilfreich sein?*«
- »*Bei sehr vielen Menschen ist es so, dass hinter der Absicht, sich das Leben zu nehmen, ein ganz bestimmtes Bedürfnis steht, z. B. das nach Ruhe, nach Nicht-mehr-kämpfen-Wollen, nach Schmerzfreiheit etc. Wie ist das bei Ihnen?*«
- »*Hinter der Absicht, sich das Leben zu nehmen, steckt bei vielen Menschen gar nicht so sehr der Wunsch zu sterben als vielmehr die feste Überzeugung, unter den gegenwärtigen Umständen nicht weiterleben zu können. Wie müsste sich das Leben für Sie ändern, damit Sie sagen könnten: Jetzt ist es wieder lebenswert?*« (Ansprechen möglicher Ambivalenz)
- »*Ich glaube, ich verstehe jetzt ganz gut, warum zumindest ein Teil von Ihnen nicht mehr leben will. Gibt es vielleicht trotzdem den einen oder anderen Teil, der doch leben möchte? Und welche Gründe führt dieser an?*«
- »*Das klingt für mich so, als wäre Ihre Entscheidung, sich das Leben zu nehmen, schon gefallen. Weil sich eine derartige vollzogene Handlung aber, im Gegensatz zu vielen anderen Handlungen im Leben, nicht mehr rückgängig machen lässt, ist es meiner Meinung nach extrem wichtig, das Für und Wider wirklich ganz sorgfältig abzuwägen. Die Möglichkeit, sich das Leben zu nehmen, läuft Ihnen deshalb nicht weg. Können Sie dem soweit zustimmen?*«

- *»Das klingt für mich so, als wäre Ihre Entscheidung, sich das Leben zu nehmen, schon gefallen. Trotzdem haben Sie die Gelegenheit zu einem Gespräch mit mir wahrgenommen. Kann es sein, dass es vielleicht doch noch einen Teil in Ihnen gibt, der weiterleben möchte? Welche Gründe könnte dieser haben?«* (Konfrontation mit dieser Widersprüchlichkeit)

All diese Fragen sind natürlich nur als beispielhafte Anregungen zu verstehen und nicht als ein Programm, das es gilt, Punkt für Punkt abzuarbeiten. Eine laufende prozessuale, situative und persönlichkeitsspezifische Abstimmung innerhalb der Krisenintervention ist unumgänglich und stellt erhebliche Anforderungen an die intersubjektive Regulationskompetenz und Regulationsperformance der Berater. Nochmals zusammenfassend kreisen also die Fragen um die Themenschwerpunkte:
- Exploration des Ausmaßes der gegenwärtigen und gegebenenfalls früheren Suizidalität (Suizidgedanken und Vorbereitungshandlungen, konkrete Suizidversuche),
- Exploration der subjektiven Bedeutung des Todeswunsches: Was möchte, was soll denn eigentlich sterben im Leben?

Bereits das ausführliche Reden über diese beiden Themenkomplexe in Gegenwart eines verständnisvollen und zugewandten bedeutsamen Anderen entlastet emotional. Im gemeinsamen Versuch, Worte für eigentlich Unaussprechliches zu finden, kann schon eine Problemdistanzierung erfolgen. Zudem konstituiert sich über diesen hochemotionalen intersubjektiven Prozess gleichzeitig Beziehung. Das wiederum bildet die intersubjektive Basis, um persönliche und soziale Ressourcen verstärkt ins Spiel bringen zu können, ohne dass dies von den Betroffenen als ein durchsichtiges Ablenkungsmanöver bzw. als eine unstatthafte Relativierung des eigentlich Unerträglichen erlebt wird: Welche inneren Anteile wollen trotzdem oder vielleicht sogar jetzt erst recht leben? Was könnten die Gründe dafür sein? Die Beraterinnen sollten auf Zeitgewinn setzen und die Etablierung ausreichender Selbstkontrolle fördern.

Praxisbeispiel
Patientin N. ruft nach einer gut bewältigten, erstmaligen mittelgradigen depressiven Episode an, da bei ihr seit vermehrtem Schneefall Suizidideen auftreten würden. Das verwirre sie, weil es ihr doch schon so gut gegangen sei, nachdem sie einige wesentliche Änderungen im Leben vorgenommen habe. Als ihre Therapeutin frage ich mich, ob es sich um eine Suizidalität handle, die im Abklingen einer depressiven Episode häufiger beobachtet wird. Im Ersttermin erörtern wir zunächst beide etwas ratlos den Auslöser ihrer Selbsttötungsideen, den Schneefall, und aktualisieren ihre Ressourcen, vor allem Stille und Achtsamkeit im Umgang mit sich selbst. Die Patientin ist kontraktfähig, in ihrem Mann hat sie eine Stütze und er kennt ihre Suizidideen. Wir besprechen Notfallressourcen und vereinbaren einen neuen Termin in drei Tagen. Nach zwei Tagen geschieht dann das große Lawinenunglück in Galtür. Durch diese Nachricht getriggert meldet sich die Patientin vorzeitig wegen nun aufdrängender Suizidgedanken. Sie erwäge daher, doch in die Klinik zu gehen. Im Gespräch noch am selben Tag in der Praxis taucht dann die Erinnerung auf, dass ihre Großeltern vor ihrer Geburt bei einem großen Lawinenunglück ums Leben gekommen sind und ihr Onkel sich im Sommer darauf selbst getötet hat. Er hatte den Hof, der seine Existenz bedeutete, durch das Unglück verloren. Diese Geschichte sei jedoch in der Familie ein Tabu. Im Anschluss schildert sie viele Szenen mit ihrem Vater. Sie beschreibt ihn grundsätzlich als sehr liebevoll. Doch wann immer sie mit ihm z. B. zu Allerheiligen am Unglücksort gewesen sei, habe sie ihn als merkwürdig starr und ängstlich erlebt. Die Patientin kann darüber ein tiefes Weinen zulassen, was sie als zunehmende Entlastung empfindet. Mit weiterer emotionaler Differenzierungsarbeit und der Würdigung der Katastrophe von damals in den folgenden Stunden verschwindet ihr Wunsch, sich selbst zu töten.

Fällt die Entscheidung nach dem Erstgespräch mit dem Betroffenen und nach einer entsprechenden Risikoabschätzung für ein ambulantes Setting, gilt es, ausreichend engmaschige Kontaktangebote bis zum nächsten Treffen anzubieten. »Man sollte [jedoch] keine Vereinbarungen treffen, die außergewöhnliche Anstrengungen oder heroische Maßnahmen notwendig machen, da diese in aller Regel den Therapeuten in der Folge überfordern« (Stein, 2015, S. 67).

Bereits in dem Erstgespräch und dann natürlich auch in den Folgegesprächen, ist die Förderung der Selbstkontrolle eine zentrale Interventionsstrategie. Nach Teismann und Dorrmann (2014) beinhaltet dies folgende Themen:

Wie kann der Zugang zu legalen Tötungsmitteln begrenzt werden? Dies betrifft z. B. die Verwahrung gefährlicher Gegenstände wie Schusswaffen, Messer und Medikamente bei Verwandten, Freunden oder in einem Schließfach. Ein weiteres Thema kann sein, für die Brieftasche einen detaillierten Notfallplan gemeinsam schriftlich zu erarbeiten (Teismann u. Dormann, 2014). In ihm sind konkrete situative Hilfestellungen aufgeführt, z. B.:

- Wenn ich zu Hause merke, dass ich vermehrt darüber nachdenke, mir etwas anzutun, dann schütze ich mich selbst, indem ich meine Lieblingsmusik auflege, meine Katze streichle, in meinem Lieblingsbuch lese, dreimal tief ausatme etc.
- Wenn ich merke, dass ich über zehn Minuten darüber nachdenke, wie ich mir konkret das Leben nehmen könnte, dann schütze ich mich, indem ich in die Stadt oder in die Natur gehe, einen Dauerlauf mache, mich unter die Dusche stelle etc.
- Wenn ich bemerke, dass ich gegen die Gedanken, mir das Leben zu nehmen, nicht mehr ankämpfe, dann schütze ich mich, indem ich eine bestimmte Person anrufe bzw. zu ihr gehe, die Telefonseelsorge kontaktiere, mich mit dem Taxi zur psychiatrischen Ambulanz fahren lasse etc.

Manchmal kann es sinnvoll sein, einen schriftlichen Non-Suizid-Vertrag abzuschließen, in dem sich der Betroffene verpflichtet, sich bis zur nächsten Sitzung nicht das Leben zu nehmen und der Therapeut sich verpflichtet, z. B. ein kurzes tägliches Telefonat mit ihm zu führen und, wenn alle eigenen Möglichkeiten des Betroffenen ausgeschöpft sind, einen früheren Extratermin zu vergeben. Dieser Vertrag wird von dem Klienten und dem Therapeuten unterschrieben (Stein, 2015). Antisuizidpakte werden durchaus kontroversiell diskutiert. Der Vertrag dient sowohl dem Schutz der

Patientin als auch der Entlastung der Therapeutin, was zumeist gegengleich gesehen wird. Wenn ein Antisuizidpakt geschlossen wird, sollten beide Sichtweisen transparent gemacht werden. Wichtige Eckpunkte von Non-Suizid-Verträgen sind die Freiwilligkeit, das Ringen um eine antisuizidale Haltung sowie verlässliche Setting-Bedingungen.

4.2.4 Die stationäre Aufnahme

Ergibt sich aus dem Gespräch mit dem Betroffenen die Einschätzung einer erheblichen bis massiven Selbst- oder auch Fremdgefährdung (z. B. die Gefahr eines erweiterten Suizides), und kann keine ausreichend tragfähige therapeutische Beziehung hergestellt werden (z. B. auch im Rahmen eines akuten psychotischen, paranoiden Schubes), dann ist eine stationäre Aufnahme anzuraten. Auch wenn sich der Patient nicht glaubhaft von der Umsetzung einer Suizidabsicht distanziert, das soziale Umfeld nicht ausreichend stützend miteinbezogen werden kann und es kein ausreichendes ambulantes Angebot gibt, ist bei starkem bis extremem Schweregrad der Suizidalität unbedingt eine stationäre Aufnahme, im Notfall auch als Zwangseinweisung, anzustreben und zu organisieren.

Nach Teismann und Dorrmann (2014) kann man diesen Schweregrad folgendermaßen abschätzen (S. 40):
- »*Leichter Schweregrad:* Geringe Häufigkeit, Dauer und Intensität von Suizidgedanken, keine Planung, keine Absicht, leichtgradige Symptombelastung, gute Selbstkontrolle, wenige Risikofaktoren, protektive Faktoren vorhanden.
- *Moderater Schweregrad:* Regelmäßige Suizidgedanken von beschränkter Intensität und Dauer, geringe Planung, keine Absicht, gute Selbstkontrolle, wenige Risikofaktoren, protektive Faktoren vorhanden.
- *Starker Schweregrad:* Regelmäßige, intensive und andauernde Suizidgedanken, spezifische Planung, keine subjektive Absicht [...], Hinweise auf eingeschränkte Selbstkontrolle, bedeutsame Symptombelastung, viele Risikofaktoren und wenige [...] protektive Faktoren vorhanden.

- *Extremer Schweregrad:* Regelmäßige, intensive und andauernde Suizidgedanken, spezifische Planung, subjektive und objektivierbare Absicht, eingeschränkte Selbstkontrolle, bedeutsame Symptombelastung, viele Risikofaktoren und keine protektiven Faktoren vorhanden.«

Auch wenn man sich nun nach dieser Einschätzung für die stationäre Aufnahme entscheidet, so ist nach Möglichkeit dabei immer ein Konsens mit dem Betroffenen und seinen Angehörigen zu suchen, etwa auf folgende Weise:

»Nach allem, was Sie mir erzählt haben, schätze ich das Risiko, dass Sie sich zu Hause etwas antun werden, als sehr hoch ein. Ich mache mir daher große Sorgen um Sie und halte einen Klinikaufenthalt für notwendig. Das klingt für Sie vielleicht jetzt übertrieben oder sogar bedrohlich – um in der Entscheidung für oder gegen das Leben weiterzukommen, ist es aber sicher eine gute Hilfe, zu den Problemen, die den Alltag beherrschen, etwas Distanz zu bekommen« (Teismann u. Dormann, 2014, S. 66).

Ein solcher Konsens ist aber manchmal aufgrund einer zu großen Einengung oder eines psychotischen Geschehens mit dem Betroffenen nicht zu erreichen. Dann ist eine Zwangseinweisung gegen dessen Willen unter Einbezug der Polizei, eines Notarztes, des Roten Kreuzes notwendig. Auch in diesem Fall sollte jedoch eine größtmögliche Transparenz bezüglich der Aufgaben und Absichten des behandelnden Therapeuten hergestellt werden. Das könnte z. B. wie folgt formuliert werden:

»Zum gegenwärtigen Zeitpunkt habe ich die große Befürchtung, dass Sie sich [tatsächlich] was antun. Sie sind in einer schweren Krise und wahrscheinlich könnten [...] [manche] Ihren Wunsch zu sterben nachvollziehen, aber [als erfahrener Therapeut] weiß ich, dass [auch solche] Krisen vorübergehend sind. Als Therapeut und als eine Ihnen nahestehende Person bin ich deshalb verpflichtet, alles zu tun, um Sie von einem Suizid abzuhalten. Da Sie sich auf eine freiwillige stationäre Unterbringung nicht einlassen können, werde ich nun eine unfreiwillige stationäre Behandlung prüfen lassen« (Teismann u. Dorrmann, 2014, S. 67; Herv. der Autoren).

Es geht also an diesem Punkt darum, entschlossen und ohne weiter zu diskutieren die notwendigen Schritte für die stationäre Einweisung vorzunehmen und sich nicht provozieren zu lassen. In Österreich erfolgt dies über die Verständigung eines Notarztes und der Polizei, welche die Einweisung an eine psychiatrische Abteilung sicherstellen. Die Notwendigkeit zu einer Unterbringung in einer geschlossenen Abteilung wird dann vom Abteilungsleiter überprüft und gegebenenfalls veranlasst.

 Praxistipp

Fehler im Umgang mit suizidalen Menschen können sein (Bronisch, 2004; Kratzer, 2012):
- Trennungsängste übersehen, z. B. im Kontext von Urlaub, Stationswechsel, Entlassung;
- Provokationen persönlich nehmen (Stichwort: Agieren der Gegenübertragungsphänomene);
- Übersehen der dahinter liegenden Beziehungsproblematik;
- Bagatellisierungstendenzen des Patienten mitmachen, eventuell aus kollusiver Abwehr latenter eigener Suizidalität *(»Das ist doch nicht so schlimm, als dass Sie sich gleich umbringen müssen«)*;
- Suizidentschluss, wobei die Ruhe *nach* dem Sturm fehlgedeutet wird;
- mangelnde Exploration der jetzigen und eventuell früheren Umstände, die zur Suizidalität geführt haben;
- vorschnelle Tröstung *(»Morgen schaut alles schon ganz anders aus!«)* und zu rasche, forcierte Suche nach positiven Veränderungsmöglichkeiten und Ratschlägen *(»Machen Sie doch*

einfach das Folgende und Sie werden sehen, dass es Ihnen dann gleich besser gehen wird.«);
- Belehrungen und Ermahnungen;
- Moralisieren *(»Das können Sie Ihren Kindern doch nicht antun!«);*
- überhöhte Ansprüche an die eigenen therapeutischen Fähigkeiten.

Vergessen Sie nicht: Auch wenn alle Regeln beachtet werden, kann ein Suizid nicht immer verhindert werden. Suizide kommen immer wieder auch in stationären Einrichtungen vor.

4.3 Chronische Suizidalität

Chronische Suizidalität kommt in erster Linie im Kontext rezidivierender schwerer depressiver Störungen und in jenem von komplexen Traumafolgestörungen als Folge massiver und wiederholter Gewalt- und Missbrauchserfahrungen in der Kindheit vor. Im ersten Fall liegt der chronischen Suizidalität mit ihren wiederkehrenden Suizidgedanken und Suizidimpulsen vor allem ein unerträgliches Gefühl von Sinnlosigkeit und Hoffnungslosigkeit, ein Verzweifeln am Leben-an-Sich zugrunde. Im zweiten Fall dominieren entweder Gefühle tiefster Scham und paradoxerweise auch Schuld über das Erlittene, wobei die massiven Suizidimpulse auch von einem sogenannten Täterintrojekt ausgehen können. Dem Seelenmord durch die reale äußere Opfer-Täter-Beziehung in der Kindheit folgen in der Adoleszenz oder auch erst später die wiederkehrenden inneren Impulse zur Selbsttötung, als ob es gelte, ein Vernichtungsprogramm auch im Physischen zu einem Abschluss zu bringen, weil dem Opfer kein Recht auf ein eigenständiges oder gar lebenswertes Leben zusteht. Vor allem bei sehr schwer belasteten Menschen, die nach OPD-2 eine Borderline-Organisation aufweisen, haben Suizidandrohungen und Suizidversuche noch andere, intra- und intersubjektive Bedeutungen und Funktionen, wie der Psychiater und Psychoanalytiker Jürgen Kind (2011) sehr differenziert herausarbeitet.

(!) BEACHTE: Suizidale Krisen auf dem Hintergrund einer chronischen Suizidalität fallen damit nicht unter die Kategorie der klassischen Kriseninterventionen. Sie bedürfen vielmehr einer störungsspezifischen Beziehungs- und Therapiegestaltung und eines eindeutig definierten Behandlungssettings. Sie werden daher an dieser Stelle nicht weiter besprochen.

> **Take-Home-Message**
>
> Suizidales Erleben manifestiert sich als fehlende Zukunftsperspektive, in Unerträglichkeitsüberzeugungen, im Gefühl ausgeprägter Isolation sowie in großen Schuld- und Hilflosigkeitsgefühlen. Die Suizidgefährdung ist bei Menschen
> - mit einem Alkohol-, Medikamenten- und Drogenproblem,
> - die an Depressionen erkrankt sind,
> - die älter und vereinsamt sind,
> - die durch eine Suizidankündigung oder durch einen Suizidversuch auffällig wurden,
>
> am höchsten.
> Bei einer großen Anzahl suizidaler Menschen symbolisiert sich im Wunsch zu sterben, die Unmöglichkeit, das Leben den eigenen Bedürfnissen entsprechend gestalten zu können.
> Ziel der Krisenintervention ist der Aufbau einer tragfähigen, zwischenmenschlichen Beziehung, das Prinzip Hoffnung zunächst stellvertretend bereitzustellen, die Selbstkontrolle zu fördern, soziale Netzwerke zu aktivieren und dadurch die suizidale Einengung zu lockern. Voraussetzung dafür ist, das suizidale Verhalten als Notsignal vorbehaltlos zu akzeptieren und die dahinterliegende Botschaft möglichst rasch zu verstehen.

5 Einführung in die Akut-Psychotraumatologie

Ausreichend Kenntnisse und Kompetenzen in Kriseninterventionen für akut traumatisierte Menschen gehören zum Standardrepertoire von Psychotherapeuten, Ärztinnen und Beraterinnen, sei es, dass diese vor Ort als zufällig Anwesende oder professionell als Mitglied eines Notfall- bzw. Kriseninterventionsteams zu leisten ist oder später, wenn Betroffene eine institutionelle oder private Praxis aufsuchen. Für das Verständnis von Trauma und Traumafolgestörungen ist die neurobiologische Perspektive sehr hilfreich.

5.1 Neurobiologie des Traumas

Der normale Verarbeitungsmodus

Die Sinneswahrnehmungen einer Situation aus allen Sinnesqualitäten – einschließlich Proprioception und Interoception aber ausschließlich des Geruchssinnes, der direkt mit dem Riechhirn verbunden ist – gelangen zum Thalamus. Hier erfolgt über Mithilfe der Amygdala eine erste Bewertung der Daten nach den Kategorien Gefahr, neuartig, essbar oder sexuell interessant.

Dann kommt es über den Hippocampus zu einer Verknüpfung mit unserem Wort- und Symbolspeicher. Dies ermöglicht die Versprachlichung des Erlebten sowie dessen Einordnung in eine Zeitmatrix. Dadurch konstruiert sich eine Szene, eine Episode oder ein durchgängiger Film, in dem die einzelnen Sinnesmodalitäten, die Kognitionen, Emotionen, Leibempfindungen und Haltungs- und Bewegungsgestalten als ganzheitliches Geschehen integriert sind. Über Verknüpfung mit dem Frontalhirn wird dieses Erleben in die persönliche Lebensgeschichte eingefügt, mit Sinn versehen und so zu einer mehr oder weniger bedeutsamen Geschichte zusammengefasst und integriert.

Die traumatische Reaktion
Die Amygdala signalisiert höchste Gefahr und aktiviert archaische *Kampf-, Flucht-, Erstarrungs-* und/oder *Totstellreflexe*. Dadurch bleibt die weitere Verarbeitung weitgehend blockiert, es erfolgt keine Versprachlichung (namenloses Entsetzen). Eine zeitliche Zuordnung findet nicht statt. Die Intrusionen werden so erlebt, als ob die Bedrohung und die Gefahr jetzt in gleicher Intensität wieder geschieht, was die Alarmreaktion weiter persistieren lässt. Die Sinneswahrnehmungen, Gefühle und Körpersensationen, wie z. B. Schmerz sowie Handlungsimpulse, werden nicht zu einer Ganzheit zusammengefasst. Sie bleiben fragmentiert. Das traumatische Erleben wird nicht in das autobiografische Selbst integriert, wodurch es die Qualität von irreal und fremd – das bin nicht ich, dem das passiert ist – behält.

5.2 Dynamisches Verlaufsmodell psychischer Traumatisierung

Das dynamische Verlaufsmodell psychischer Traumatisierung (Fischer u. Riedesser, 2009) umfasst drei Phasen: die des *traumatischen Schockes*, der *Einwirk-* und der *Erholungsphase* oder alternativ der Entwicklung eines *traumatischen Prozesses*. Dass dieser Konzeption einer Phasendynamik nur eine orientierende und vielleicht auch didaktische Bedeutung zukommt, wurde schon betont.

Das subjektive Erleben eines psychischen Traumas lässt sich beschreiben »als ein vitales Diskrepanzerleben zwischen bedrohlichen Situationsfaktoren [einerseits] und den individuellen Bewältigungsmöglichkeiten [andererseits], das mit Gefühlen von Hilflosigkeit und schutzloser Preisgabe einhergeht und so eine dauerhafte Erschütterung von Selbst- und Weltverständnis bewirkt« (Fischer u. Riedesser, 2009, S. 84; Erg. der Autoren).

5.2.1 Schockphase

Die Schockphase ist die erste Phase im dynamischen Verlaufsmodell psychischer Traumatisierung. Sie umfasst sowohl den objektiven und subjektiven Aspekt der traumatischen Situation als auch den objektiven und subjektiven Aspekt des peritraumatischen Erlebens der Betroffenen.

Der *objektive Aspekt* der traumatischen Situation besteht im äußeren Krisenanlass wie z. B. Unfall, Naturkatastrophe, Verbrechen, Vergewaltigung, Krieg oder Krankheit (Herzinfarkt, Krebsdiagnose), ihr *subjektiver Aspekt* in dessen individuellen Bewertung. Letztere hat die Qualität von *plötzlich und unerwartet, weit außerhalb der normalen Erfahrung liegend* und wird bewertet *als drohender Tod* oder *ernsthafte Verletzung der eigenen* oder *einer anderen Person*.

Der *objektive Aspekt* des peritraumatischen Erlebens beschreibt das äußere Verhalten der Betroffen. Kategorisiert nach steigender Intensität ist dies ein Verhalten, das
- hellwach und konzentriert oder cool wirkt;
- panisch, hektisch, verwirrt, desorientiert imponiert;
- verlangsamt bis erstarrt erscheint;
- alle Anzeichen eines klinisch manifesten Schocks als Totstellreflex (bleich, kaltschweißig, benommen bis bewusstlos) aufweist.

BEACHTE: Bei hochakutem Schockzustand, angezeigt durch bleiche Hautfarbe, kalten Schweiß, flache schnelle Atmung oder Benommenheit, sind medizinische Betreuung und Kreislaufstabilisierung dringend angezeigt, vor bzw. parallel zur psychischen Ersten Hilfe.

Die *subjektiven Aspekte* des traumatischen Erlebens sind dazu korrespondierend
- die sogenannte *peritraumatische Dissoziation* (van der Hart et al., 2008): Betroffene erleben sich hellwach, konzentriert, Gefühle sind wie weggeschaltet und sie haben unter Umständen ein verlangsamtes Zeitempfinden.
- *hektische Panik:* Betroffene erleben sich verwirrt, desorientiert, bedroht, panisch, in Verbindung mit einem veränderten Raum-

und Zeiterleben (Tunnelblick, wie in Zeitlupe) und haben ein verändertes Selbsterleben im Sinne von Derealisations- bzw. Unwirklichkeitserleben (wie in einem Albtraum oder wie in einem schlechten Film).
- *Typ-2-Erstarren:* Betroffene erleben sich betäubt bis erstarrt (wie neben sich stehend). Es kann zu einem Depersonalisationserleben (»das bin nicht ich«) kommen, Szenen können fehlen (Amnesien). Derealisations- und Depersonalisationserleben werden als dissoziative Phänomene bezeichnet.
- *Manifester klinischer Schock:* Dieser kann bis zur Bewusstlosigkeit als Totstellreflex gehen.

Die Zeitdauer für diese erste Phase beträgt wenige Stunden bis maximal einige Tage. Vorübergehende Schockphänomene sind aber auch noch später möglich und nicht ungewöhnlich.

 Praxistipp

In der professionellen Bewertung eines belastenden Ereignisses im Sinne der Frage, ob es sich in Abgrenzung zu einer Anpassungsstörung um ein Trauma handelt, hat das subjektive Erleben der Betroffenen eine hohe Priorität. Je ausgeprägter dissoziatives Erleben und Verhalten festzustellen sind, umso eher spricht man von einem Trauma im Bewusstsein des Bemühens, diesen Begriff nicht inflationär anzuwenden. Und umgekehrt: Wenn beispielsweise jemand nach einem Unfall mit verbundener Lebensgefahr bereits nach Stunden sein seelisches Gleichgewicht weitgehend wiedererlangt und während des Ereignisses nur die Intensitätsstufe der peritraumatischen Dissoziation durchlaufen hat, dann sollte man ihm kein Trauma attestieren, auch wenn die meisten Menschen nach einem solchen Ereignis traumatisiert wären.

5.2.2 Einwirkphase

Die zweite Phase im dynamischen Verlaufsmodell psychischer Traumatisierung, die Einwirkphase, ist gekennzeichnet durch den biphasischen Wechsel von

- *Intrusionen, Flashbacks bzw. Nachhallerinnerungen als Überflutungsphänomene* (Bilder, Gedanken, Träume, Sinneswahrnehmungen, Körpersensationen, Schmerzmuster, Handlungsimpulse, Gefühle als fragmentiertes, unverarbeitetes Traumaerleben) und
- *Konstriktionen* im Sinne von bewusster und unbewusster *Vermeidung* von externen und internen traumabezogenen Reizen, d. h. von Gedanken, Gefühlen, Gesprächen, Aktivitäten, Orten und Personen etc. in Verbindung mit Amnesien als dissoziativer Abspaltung traumatischer Inhalte und von emotionaler Betäubung.

Die emotionale Betäubung wiederum kann einerseits als partiell weiterbestehender Schockzustand und andererseits als instinktive Vermeidung unerträglich schmerzhaften Erlebens gedeutet werden und geht häufig mit dem Phänomen des *psychic numbing,* einem Art Zombigefühl einher. Zu dieser Phase gehört auch ein unterschiedlich stark eingeschränkter Zukunftshorizont im Sinne von ausgeprägten Selbstzweifeln und von Gefühlen persistierender Hilflosigkeit und Hoffnungslosigkeit. Häufig kommt es auch zu heftigen Selbstvorwürfen: »*Warum habe ich nicht besser aufgepasst!*« Diese können jedoch auch in Wutanfälle und heftige, berechtigte oder auch unberechtigte Anklagen gegenüber möglichen Verursachern, inklusive göttlicher Instanzen umschlagen.

All dies ist begleitet von einer *vegetativen Übererregung,* von *Hyperarousal* mit Schreckhaftigkeit, Einschlafstörungen, Konzentrationsstörungen, Reizbarkeit und motorische Unruhe als Ausdruck eines andauernden Alarmzustandes. Diese Phänomene sind für die traumatische Krise sehr kennzeichnend. Bei Anpassungsstörungen sind sie in der Regel auf deutlich geringerem Erregungsniveau anzutreffen.

Die Dauer der Einwirkphase wird mit zwei bis vier Wochen angenommen.

(!) BEACHTE: Intrusionen sind keine Erinnerungen, sondern ein erneutes Durchleben von Teilaspekten der traumatischen Situation:

> »Wir sitzen nicht in der Gegenwart und ›vergegenwärtigen‹ uns die Vergangenheit, sondern die Vergangenheit aktualisiert sich gegen unseren Willen und ohne unsere Kontrolle in der Gegenwart. Wir sind in der falschen Zeit am falschen Ort im falschen Film. [...] Wir erleben es erneut, durchleben es wieder und wieder, und dieser Zustand ist ausgesprochen quälend und beunruhigend, sehr belastend und sehr verwirrend« (Sachsse, 2004, S. 52).

Praxisbeispiel
Eine Postbeamtin ist von der Bemerkung des Richters, der Täter habe beim Überfall auf die Filiale ja nur eine Spielzeugpistole verwendet, sie möge sich also nicht so aufregen, total erschüttert. Die Krisenintervention greift erst dann nachhaltig, als der Therapeut ihr nachdrücklich bestätigt, wie unglaublich, ja ungeheuerlich diese Aussage ist und sie zusätzlich die Fantasie entwickelt, diesen Richter nachts aufzuwecken, eine Spielzeugpistole an die Stirne zu halten und dann nach seinem ersten Entsetzen schadenfroh zu rufen: »*Ist ja nur eine Spielzeugpistole!*«

(!) BEACHTE: In der Einwirkphase sind betroffene Menschen höchst verletzlich sowie störanfällig, und es hängt oft wesentlich vom Verhalten des sozialen Umfeldes (Ersthelfer, Professionals, Polizei, Familie) ab, ob sie gut bewältigt werden und ein Übergang in die Erholungsphase gelingen kann oder ob ein traumatischer Prozess folgt.

5.2.3 Erholungsphase

Kann der traumatische Reaktionszyklus trotz zeitweiliger Entgleisungen in einer Erholungsphase abgeschlossen werden, so ist ein Zustand relativer Integrität wiedergewonnen, der es dem Individuum ermöglicht, sein Leben fortzuführen und *vom Opfer zum Über-*

lebenden des Traumas und letztlich zum *Überwinder des Traumas* zu werden. Nicht jeder Gedanke/jede Erinnerung an das Trauma löst dann den vollen Schrecken wieder aus, die vegetative Dauererregung klingt ab. Selbst- und Weltbild verändern sich mehr oder weniger stark, die traumatische Erschütterung wird schrittweise in die Lebensgeschichte integriert, das Trauma wird überwunden. Dieser Prozess kann Monate bis Jahre dauern.

5.2.4 Traumatischer Prozess

Bei ungenügendem Abschluss der Einwirkphase folgt nicht eine Erholungsphase, sondern es entwickelt sich ein sogenannter traumatischer Prozess. Dieser ist gekennzeichnet durch den paradoxen Versuch, sich an eine unerträgliche Erfahrung anzupassen, mit ihr zu leben, ohne sich mit ihr wirklich konfrontieren zu können. Bei etwa 20 bis 30 % der vom Vollbild Betroffenen entwickelt sich eine posttraumatische Belastungsstörung (PTBS). Zwei Drittel dieser Gruppe erholen sich letztendlich. Bei einem nicht unerheblichen Teil der Betroffenen kommt es jedoch zu einer mehr oder weniger starken, mehr oder weniger sichtbaren Veränderung der Persönlichkeitsstruktur. Zwischen einer vollständigen Integration des Traumas, ja vielleicht sogar einem posttraumatischen Wachstum (posttraumatic growth) auf der einen Seite und dem Vollbild einer PTBS auf der anderen Seite gibt es eine sehr große Bandbreite an individuellen Verarbeitungswegen inklusive unterschiedlich langer Phasen scheinbarer oder tatsächlicher Symptomfreiheit.

Oft unerkannte Traumaspätfolgen von schweren Monotraumen sind Depressivität, Angst- und Panikstörungen, Entwicklung von Zwangsstörungen sowie Alkohol-, Medikamenten- und Drogenabhängigkeit als Selbstheilungsversuch. Somatoforme Störungen und schwere Persönlichkeitsstörungen, wie z. B. Borderlinestörung, Essstörungen, selbstverletzendes Verhalten und dissoziative Identitätsstörungen, sind häufig die Folge schwerer und wiederholter Traumatisierungen in der Kindheit. Sie werden als *komplexe Traumafolgestörungen* (Sack, Sachsse u. Schellong, 2013) bzw. als *Traumafolgestörungen mit sekundärer und tertiärer Dissoziation* (van der Hart et al., 2008) bezeichnet.

(!) BEACHTE: Spätestens wenn wesentliche Symptome der Einwirkphase über vier Wochen andauern, bzw. wenn von Beginn an eine wesentliche Risikogefährdung für einen traumatischen Prozess besteht, ist psychotherapeutische Hilfe dringend zu empfehlen.

Auf einen Blick

Das Risiko, nach einem Trauma eine PTBS zu entwickeln, ist dann hoch, wenn
1. eine Bedrohung ohne Vorwarnung eintritt, diese als lebensbedrohlich erlebt wird, das Trauma mit personaler Gewalt verbunden ist und während des Ereignisses Dissoziation (Derealisation, Depersonalisation) auftritt.
2. soziale Unterstützung fehlt oder diese als negativ erlebt wird, beispielsweise bei Reviktimisierung durch Familie, Medien, Justiz, Gesundheitswesen etc.
3. gleichzeitig körperliche Erschöpfung oder organische Beeinträchtigung vorliegt.
4. sich Patienten selbst – realitätskonform oder sehr häufig auch irrational – eine wesentliche Mitschuld am Trauma geben. Hier muss zwischen realer Schuld und oft irrationalen Schuldgefühlen unterschieden werden (Juen, Kratzer u. Beck, 2012; Andreatta u. Unterluggauer, 2012).
5. Betroffene in Rache- bzw. Wiedergutmachungsfantasien stecken bleiben und sich dadurch der Gefahr der Entwicklung eines Verbitterungssyndroms aussetzen.
6. eine Prämorbidität, z. B. Angststörung, Depression, PTBS etc. vorliegt.

5.3 Konsequenzen für Interventionsstrategien

Sei es im normalen Alltag als zufälliger Zeuge, sei es als Teil eines mobilen Notfall- bzw. Kriseninterventionsteams, das u. a. von Rotkreuz-Mitgliedern oder von Ärztinnen in Dienstbereitschaft angefordert werden kann, ist professionelle Hilfe also unter Umständen bereits vor Ort zu leisten. Wenn man mit Betroffenen einige Tage nach dem Trauma in der Praxis oder in einer Institution arbeitet, fällt der folgende erste Punkt natürlich in der konkreten Form weg, das allgemeine Thema Sicherheit jedoch nicht. Primär gelten dieselben Leitlinien und Orientierungshilfen, wie sie bereits für allgemeine Kriseninterventionen dargestellt wurden. Im Folgenden werden nochmals jene Aspekte herausgestrichen bzw. hinzugenommen, die sich vor allem bei traumatischen Krisen als hilfreich erwiesen haben.

5.3.1 Sicherheit schaffen

Es geht zunächst darum, möglichst rasch weiteren als bedrohlich bewerteten Input von außen und innen über eine spürbare soziale Präsenz und Unterstützung zu minimieren. Es gilt, für Betroffene Sicherheit zu schaffen. »Rasche Hilfe gehört zu den Schutzfaktoren, die helfen, das Risiko der Entwicklung einer PTBS zu verringern« (Schmidt, 2010, S. 283). Das bedeutet,

- Betroffene – wenn möglich – konkret an einen sicheren Ort und weg vom unmittelbaren Unfallort zu bringen sowie Opfer und Verursacher eines Traumas z. B. im Rahmen von Verkehrsunfällen im Krankenhaus nicht im selben Zimmer unterzubringen.
- aktiv Kontakt aufzunehmen und zu halten und – wenn möglich – Kontakt zu Angehörigen herzustellen. Dies gilt besonders bei betroffenen Kindern, wo eine möglichst rasche Kontaktaufnahme zu deren Eltern hergestellt werden sollte.
- explizit wiederholt deutlich und bestimmt auszusprechen: »*Sie sind jetzt in Sicherheit.*« »*Ich bin jetzt für Sie da, ich lasse Sie nicht allein und helfe Ihnen bei dem, was gerade notwendig ist.*« Auch wenn diese Botschaft im Moment oftmals noch nicht bewusst realisiert wird, kann dieses Vorgehen den späteren Verlauf der Verarbeitung erheblich erleichtern.
- eine erste Psychoedukation durchzuführen, wobei mögliche innere Zustände des Sich-betäubt-Fühlens, des Neben-sich-Stehens oder der Angst, verrückt zu werden, als normale Reaktion

auf eine abnormale, d. h. eigentlich unerträgliche Situation, erklärt werden.
- die Zuversicht zu vermitteln, dass es mit der Zeit wieder besser werden wird, auch wenn man sich das im Moment gar nicht vorstellen kann.

(!) BEACHTE: Auch Zeugen und – oft übersehen – unverletzte Verursacher eines Traumas, z. B. im Rahmen eines Verkehrsunfalles, können erheblich traumatisiert sein.

5.3.2 Stabilisieren

Stabilisieren ist neben dem Aspekt Sicherheit ein weiterer wesentlicher Teil von Interventionsstrategien. Dies gelingt am besten über das Herstellen eines spürbaren verlässlichen zwischenmenschlichen Kontaktes und der Aktivierung der sozialen Ressourcen sowie über das Vermitteln von Hilfe im Umgang mit den Überflutungsphänomenen durch Psychoedukation, Reorientierung im Hier und Jetzt und gegebenenfalls über Distanzierungstechniken.

Ganz wichtig ist dabei Psychoedukation, die wir als professionelle Helfer durch unsere gesellschaftlich legitimierte Autorität zur Verfügung stellen, d. h. wir

- normalisieren: »*Die traumatische Reaktion ist eine normale Reaktion auf eine abnormale, eigentlich unerträgliche Situation. Wenn Menschen so etwas Schlimmes zustößt, dann sind solche Reaktionen ganz normal.*«
- vermitteln eine – zunächst stellvertretende – Zuversicht: »*Man kann mit der Zeit lernen, damit umzugehen, auch wenn das jetzt noch unvorstellbar ist, da Sie sich noch in einem Schockzustand befinden.*«
- stellen ein verständliches Erklärungsmodells zur Verfügung für das momentane subjektive Erleben, vor allem für die häufige »paradoxe kognitive Situation: Alles ist wie bisher – nichts ist, wie es war« (Sachsse, 2004, S. 55). Auch ein Wissen über den vorhersehbaren weiteren Verlauf unterstützt den präfrontalen Kortex in seiner hemmenden Wirkung auf die Amygdala und erleichtert so die kognitive Orientierung.

- geben Literaturhinweise, wie zu Fischer (2008) sowie zu Reddemann und Dehner-Rau (2013), um dem Betroffenen den allgemein menschlichen Charakter des Erlebens zu verdeutlichen und seiner Angst, verrückt zu sein bzw. zu werden, entgegenzuwirken.

Es gilt, individuelle Selbstschutzreaktionen wie Dissoziieren, Sich-Ablenken, Verdrängen etc. anfangs zu respektieren, eventuell sogar zu verstärken. Erinnern und Erzählenlassen des Geschehens sind zunächst also nicht immer zu fördern, sie sind unter Umständen sogar zu bremsen, wenn dadurch Panikzustände getriggert werden. Dann ist vielmehr konsequente Reorientierung im Hier und Jetzt über explizites, mehrmaliges Ansprechen des Sicherheitsaspektes angesagt: »*Frau/Herr X, schauen Sie sich um, Sie sind hier in meiner Praxis in ... und Sie sind jetzt in Sicherheit! Der Schrecken ist Gott sei Dank vorbei, Sie haben überlebt!*« Eventuell geht es um das Vermitteln von expliziten traumaspezifischen Distanzierungstechniken, wie der Bildschirm- und Beobachtertechnik, von CIPOS (Constant Installation of Present Orientation and Safety; Rost, 2008b) oder des *Guten inneren Ortes* in der Variante des *Sicheren inneren Ortes*.

Auf die allgemein große Bedeutung des sozialen Netzes – im Positiven wie im möglich Negativen – im Rahmen der Krisenintervention wurde schon mehrfach hingewiesen. Eine darüber hinausgehende besondere Bedeutung erlangt dieser Aspekt aber, wenn es sich um ein Trauma mit personaler Gewalt handelt, sofern das relevante soziale Umfeld im subjektiven Erleben und Bewerten des Betroffenen keine ausreichende Hilfestellung gewährt oder sich z. B. durch unberechtigte oder auch objektiv berechtigte Vorwürfe sogar negativ verhält. Die Auseinandersetzung mit der Frage: »Wie können Menschen anderen Menschen so etwas antun?« bekommt dann für den Heilungsprozess häufig einen ganz zentralen Stellenwert.

Hilfreich kann für Betroffene auch die Anregung sein, ein »Tagebuch der Hoffnung und Zuversicht« zu führen. Darin werden Momente des Gelingens, der Zuversicht, der Zufriedenheit, der Dankbarkeit, die als solche im Verlauf des Tages trotz der belastenden Gesamtsituation spürbar gewesen sind, schriftlich festgehalten. Diese gilt es dann, sich abends vor dem Einschlafen nochmals zu vergegenwärtigen im Sinne von: »Bei allem Schwierigen, Anstrengenden und Belastenden, das dieser Tag beinhaltet hat, gab es auch positive Momente. Ich habe sie sogar schriftlich!« Es gilt den belastenden Erfahrungen bzw. den Flashbacks sozusagen gute innere Bilder – als eine Variante der Pendeltechnik – zur Seite zu stellen. Reddemann (2004) spricht von einem Freude-Tagebuch. Unserer Ansicht nach ist ein Tagebuch der Hoffnung und Zuversicht von der Begriffswahl her für die Betroffenen besser geeignet.

Auf die Möglichkeit, über die sogenannten Klopftechniken (Bohne, 2010) das emotionale Belastungsniveau und die psychovegetative Übererregung spürbar zu senken, soll an dieser Stelle nochmals gesondert hingewiesen werden. Auf dem Hintergrund ganz ähnlicher Wirkfaktoren (Hofer-Moser, 2010) kann auch der Einsatz von EMDR in der Indikation »akute Traumatisierung« (Rost u. Hofmann, 2014) erwogen werden.

Auf einen Blick

Unter Bezugnahme auf Hobfoll et al. (2007) nennen Barbara Juen und Heidi Siller (2014) neben der Notwendigkeit früher Interventionen als multiprofessionellen Unterstützungsansatz und der Bedürfnisorientierung fünf zentrale Interventionsprinzipien bei Traumen (S. 41):
»1. Förderung von Sicherheit (safety)
2. Förderung des Gefühls der Ruhe (calm)
3. Förderung von Selbstwirksamkeit und kollektiver Wirksamkeit (self and collective efficacy)
4. Förderung des Gefühls der Verbundenheit (connectedness)
5. Förderung des Gefühls der Hoffnung (hope)«.

> **Praxistipp**
>
> Zusammenfassend liegt der Fokus der Intervention anfangs fast ausschließlich auf den Aspekten *Sicherheit, Unterstützung, Entlastung* und *Ressourcenorientierung*. Konfliktthemen, die möglicherweise dabei auftauchen, werden registriert, aber zunächst in der Regel nicht aufgegriffen. Regressive Entwicklungen werden akzeptiert sowie mitfühlend und strukturgebend begleitet. »Beachtet werden muss [darüber hinaus], dass durch ein traumatisierendes Ereignis vorhergehende traumatische Erfahrungen mobilisiert werden […] können« (Schmidt, 2010, S. 283; Erg. der Autoren). Dann gilt es, möglichst rasch Symptome und Ereignisse entsprechend zeitlich zu differenzieren und eine sinnvolle Reihenfolge der Bearbeitung festzulegen.

5.2.3 Traumabearbeitung und Integration

Explizite Traumabearbeitung mit den unterschiedlichen traumaspezifischen Bearbeitungstechniken sollte nur in einem gesicherten psychotherapeutischen Kontext erfolgen. Sie ist aktiv erst dann durchzuführen, wenn ausreichende Stabilität bei den Betroffenen erreicht ist. Das ist bei Monotraumen in der Regel – wenn überhaupt – erst nach mehreren Wochen indiziert und erübrigt sich in den meisten Fällen, wenn Sicherheit vermitteln, Trösten und Stabilisieren sowie soziale Unterstützung ausreichend zur Verfügung gestellt wurden. Weil explizite Traumabearbeitung erst im Anschluss an die Krisenintervention folgt, wird hier darauf nicht näher eingegangen. Traumabearbeitung en passant erfolgt natürlich bereits in der Einwirkphase, wenn Betroffene vom Trauma erzählen, deren Gefühle ausreichend contained und reguliert werden können und eine schrittweise, logisch nachvollziehbare Rekonstruktion des traumatischen Ereignisses erfolgt.

Das gleiche gilt für die Phase der Integration. Diese beinhaltet idealtypisch die Themen Trauern, Annahme des Traumas, neue Sinnfindung, eventuell auch Abschiedsrituale sowie die bewusste

Neugestaltung von Alltag und Beziehungen. Integration und Transformation des Traumas sind oft ein lebenslanger Prozess und können durchaus die Persönlichkeitsentwicklung fördern. Die geleistete Überwindungsarbeit kann, muss aber nicht, psychische Reifung im Sinne von *posttraumatic growth* bewirken.

> **➡ Take-Home-Message**
>
> Um eine Krisenintervention hinreichend gut durchführen zu können, ist ein spezifisches Wissen über Erleben und Reaktionen von akut-traumatisierten Menschen notwendig. Das Verlaufsmodell psychischer Traumatisierung umfasst die Phasen des traumatischen Schocks, der Einwirkphase sowie der Erholungsphase. Besonders in der Einwirkphase hängt es maßgeblich vom sozialen Umfeld und den professionellen Helfern ab, ob die seelischen Erschütterungen gut bewältigt werden können.
>
> Krisenintervention im Rahmen einer Akut-Psychotraumatologie fokussiert in erster Linie auf die Förderung der Gefühle von Sicherheit, Ruhe, Verbundenheit und Selbstwirksamkeit, auf Aspekte der Entlastung und Ressourcenorientierung sowie auf Vermittlung des Gefühls der Hoffnung.

6 Notfall- und Krisenintervention bei psychiatrischen Störungsbildern

Auch wenn nach Sonneck et al. (2012) »die Krisenintervention […] von Maßnahmen der Akutpsychiatrie […] zu unterscheiden« (S. 15) sei, so kommt es im psychotherapeutischen oder ärztlichen Alltag doch – je nach Setting – zu unterschiedlich großen Überlappungen von Krisenintervention und psychiatrischer Bereiche. Dies wird im Folgenden zunächst in einem groben Überblick aufgezeigt und dann durch eine kurze Darstellung eines schizophrenen Schubes und seiner Erstbehandlung im Sinne einer Krisenintervention ergänzt.

6.1 Allgemeiner Überblick

Auch in einer konventionellen, nicht spezialisierten Psychotherapie-, Arzt- oder Beratungspraxis gibt es in der Regel bereits einen mehr oder weniger großen Anteil an Patientinnen mit Störungsbildern, die fallweise oder kontinuierlich zusätzlich psychiatrischer Betreuung – in erster Linie im Management hilfreicher Psychopharmaka – bedürfen. Dazu gehören vor allem die große Gruppe der *depressiven Störungen* (ICD-10: F32 und F33) und der *Angst- und Panikstörungen* (ICD-10: F40 und F41). Die Notwendigkeit von Krisenintervention auf diesem störungsspezifischen Hintergrund kann sich bei depressiven Erkrankungen vor allem bei suizidalen Krisen und im Kontext der Angststörungen durch Panikattacken ergeben. Im Kontext *bipolarer Erkrankungen* (ICD-10: F31) wäre auch das Auftreten von eskalierenden manischen Episoden denkbar. Davon Betroffene werden aber wegen der weitgehenden oder gänzlich fehlenden Krankheitseinsicht kaum einmal von sich aus eine psychotherapeutische Behandlung anstreben. Sie werden eher fallweise im Rahmen der Alarmierung eines Kriseninterventionsteams (KIT) durch besorgte bis hilflose Angehörige Ziel einer Akutintervention vor Ort werden.

Ausgeprägte *psychomotorische Erregungszustände* können gut nachvollziehbar z. B. als ein Begleitsymptom bei *Panikattacken* oder im Kontext von schweren Konfliktsituationen auftreten. Sie können auf dem Hintergrund von *Persönlichkeitsstörungen* die Begleitsymptomatik bei Gewalteskalation infolge narzisstischer Kränkungen sein, wobei es in dieser Krisensituation – parallel zum Versuch der Beruhigung bzw. Deeskalation – in erster Linie um die Abklärung des Ausmaßes an Fremd- und Selbstgefährdung geht (Rupp, 2010b). Es kann sich bei solch Erregungszuständen auch um ein Flashback-Phänomen im Rahmen einer Traumafolgestörung handeln. Wurde eine PTBS bis zu diesem Zeitpunkt noch nicht diagnostiziert, dann bereitet die Einordnung des Phänomens und die Entscheidung über hilfreiche Akutstrategien in vielen Fällen zunächst noch Schwierigkeiten. Nicht selten handelt es sich bei den psychomotorischen Erregungszuständen um die Manifestation eines *organischen Psychosyndroms* infolge von Intoxikationen oder Entzündungen des Gehirns. Wechseln sich Erregungszustände mit Verwirrtheitszuständen ab, dann ist auch an einen deliranten Zustand zu denken, z. B. infolge einer Entzugsproblematik oder wiederum aufgrund gehirnorganischer Erkrankungen. In beiden Fällen ist es vordringlich, eine medizinische Abklärung zu organisieren. Manchmal weist ein unerklärlicher psychomotorischer Erregungszustand aber auch auf die Erstmanifestation einer akuten schizophrenen Störung hin, vor allem bei paranoider Ausprägung. Daher werden im Folgenden dessen Phänomenologie anhand von Leitsymptomen und das bewährte Vorgehen im Sinne der Krisenintervention kurz dargestellt.

6.2 Die akute schizophrene Störung

Auf einen Blick

Die folgenden fünf Leitsymptome sind in unterschiedlicher Ausprägung kennzeichnend für eine akute schizophrene Erkrankung (Dick u. Dick-Ramsauer, 1996):
▶ Denkstörungen,
▶ psychomotorische Erregtheit,
▶ Halluzinationen,
▶ Wahnideen,
▶ Affektstörungen.

Bei vorwiegend *schizophrener* Ausprägung dominieren bizarre Verhaltensweisen und Wahrnehmungen, z. B. im Sinne eines Gefühls des Fremdgesteuerten im Bereich des Denkens, Wollens und Handelns. Gedankenentzug, Gedankenlautwerden und Gedankenabreißen führen zu Zuständen der Zerfahrenheit und Verwirrung sowie in weiterer Folge zu undeutlichem bis unverständlichem Sprechen. Das wohlbekannte Stimmenhören als akustische Halluzination ist ein wichtiges Leitsymptom, wobei die Stimmen alles Mögliche kommentieren, aber auch Drohungen oder Befehle aussprechen können. Die Stimmen werden als von außen kommend erlebt und nicht – wie bei den dissoziativen Identitätsstörungen – als innere Stimmen wahrgenommen. Halluzinationen können jedoch in allen Sinnesmodalitäten auftreten, wobei optische Halluzinationen eher in Zusammenhang mit deliranten Zuständen und bei Medikamenten- und Drogenintoxikationen vorkommen.

Bei der häufig gleichzeitigen *paranoiden* Ausprägung (ICD-10: F20.0, paranoide Schizophrenie) kommt es zusätzlich bzw. vordergründig zum Auftreten unterschiedlichster Wahnsysteme, von bösen Strahlen aus dem Weltall bis zur Nachbarin, die eigentlich eine Hexe sei und den Patienten verfolge. »Verfolgungswahn, Beziehungswahn, Abstammungswahn, Sendungswahn, coenästhetischer oder Eifersuchtswahn« (ICD-10, S. 96) können so das Krankheitsbild prägen. Folgen sind ausgeprägtes Misstrauen, sozialer Rückzug und wiederum psychomotorische Erregung.

Bei *manischer* Ausprägung kommt es zur Entwicklung von Größenideen unterschiedlichster Art, oft verbunden mit einem ausgeprägten Rededrang. Die Patienten wirken überdreht, gereizt, distanzlos und finden bzw. brauchen oft nur ganz wenig Schlaf. Wie schon erwähnt wird man wegen der in der Regel fehlenden Krankheitseinsicht in der Psychotherapiepraxis vermutlich nur sehr selten bis gar nicht mit der Erstmanifestation einer Manie konfrontiert werden.

(!) BEACHTE: Ein akuter Schub einer schizophrenen oder paranoid-schizophrenen Erkrankung kann *spontan* als Erstmanifestation einer psychotischen Störung eintreten, nicht selten wird er jedoch durch *Aktualbelastungen* getriggert. Auch Drogengebrauch – hier ist vor allem an Kokain und Cannabis zu denken – können einerseits als Trigger für eine bisher latente Schizophrenie wirken, sie können andererseits aber auch per se psychoseähnliche Zustände erzeugen.

Gelingt bei letzterem der Drogenentzug, dann ist mit großer Wahrscheinlichkeit mit einer vollständigen Remission der Zustände zu rechnen. Für genuin schizophrene Erkrankungen gilt das leider nicht. Sie chronifizieren bzw. rezidivieren zum überwiegenden Teil. Der tatsächlichen Krankheitsmanifestation können unterschiedlich lange Phasen von eher unspezifischen Symptomen wie gesteigerten Stimmungsschwankungen, Ängstlichkeit, Ratlosigkeit, Aufgewühltheit, Misstrauen, von sozialem Rückzugsverhalten und von für das soziale Umfeld befremdlich wirkenden Handlungen vorausgehen.

Wird man als Therapeut mit dem Vollbild einer paranoiden Schizophrenie in der Praxis konfrontiert, fällt die Diagnosestellung in der Regel leicht. Anders gestaltet sich der therapeutische Erkenntnisprozess in den Anfangsstadien. Häufig bemerkt man in der Gegenübertragung im Kontakt mit den Betroffenen als erstes ein

Gefühl zunehmender Verunsicherung, Irritation, Befremdung bis Verwirrung. Das Gefüge der Wirklichkeit mit seinen gewohnten Bezügen bekommt zunehmend Risse, die gewohnte Realität erscheint im wahrsten Sinne des Wortes irgendwie ver-rückt geworden zu sein. Die Verdachtsdiagnose einer schizophrenen Entwicklung ermöglicht dann erst eine neue schlüssige Wirklichkeitsdeutung.

 Praxistipp

Die Erstmaßnahmen im Sinne von Krisen- bis gegebenenfalls Notfallinterventionen bestehen anfänglich im klaren, beruhigenden Strukturieren, Ordnen und Klären der irritierenden Situation. Weder sollte versucht werden, den Betroffenen vorherrschende Wahnideen auszureden, noch sollten sie darin bestärken werden. Oft ist es hilfreich, Patientinnen zum Erzählen zu ermutigen und gemeinsam zu eruieren, welche Alltagssituationen sie gerade irritieren oder ängstigen. Eine weitere Strategie besteht darin, auf neutralere Themen abzulenken sowie durch fürsorgliche und alltagskonforme Handlungen, wie beispielsweise das Anbieten eines Glas Wassers oder eines Tees, Sicherheit zu vermitteln. Dominiert infolge paranoiden Erlebens eine ausgeprägte psychomotorische Erregung – in der Regel eine Mischung aus Angst und Wut –, dann gilt es, alles zu vermeiden, was als Angriff empfunden werden könnte. Ausreichend räumliche Distanz zu halten, ist dabei besonders wichtig, ebenso das Vermeiden von direktem Augenkontakt. Der Weg zur Tür sollte beiden, Patienten wie Therapeuten, offenstehen (Rupp, 2010b). Schließlich geht es dann um den schwierigsten Teil der Krisenintervention, nämlich die Betroffenen von der Notwendigkeit ärztlich-psychiatrischer Hilfe zu überzeugen und diese unter Einbezug von Angehörigen auch zu organisieren. Sicherheit von Therapeut und Patient haben allerdings Priorität. Daher wird man sich im Zweifelsfall und vor allem bei anhaltendem Erregungszustand an den *Psychiatrischen Not- und Krisendienst* oder auch an den ärztlichen Bereitschaftsdienst wenden.

> **Take-Home-Message**
>
> Bei psychiatrischen Störungsbildern kommt es immer wieder zu Notfall- und Krisensituationen, die für professionelle Helferinnen eine große Herausforderung darstellen können.
>
> Erstmaßnahmen zielen in erster Linie darauf ab, zu beruhigen und zu klären sowie über alltagskonforme Handlungen Sicherheiten herzustellen. Im Vordergrund stehen zudem Maßnahmen, die einen Fremd- und Selbstschutz mit in den Blick nehmen.

7 Krisenentwicklungen mit dem Symptom »Panikattacken«

Tiefergehende krisenhafte Entwicklungen sind immer auch von unterschiedlich intensiven Gefühlen der Angst, Hilflosigkeit, Verzweiflung bis hin zu massiven Panikattacken zentral begleitet. Dies ist auch sehr gut nachvollziehbar, da das Empfinden von Überforderung, von Ausgeliefertsein bis hin zu dem Empfinden von existenzieller Bedrohung das Wesen des Krisenerlebens ausmacht. Bei manchen dieser Entwicklungen stellt die Panikattacke das primäre Leitsymptom dar. In diesem Fall ist Psychotherapie und nicht Krisenintervention die adäquate Hilfeform.

7.1 Symptome

Panik kann als ein Zustand überwältigender Angst bzw. überwältigender Furcht beschrieben werden, der mit dem zentralen Gefühl einer extremen Hilflosigkeit und Ohnmacht einhergeht. Es handelt sich hier um einen Zustand, in dem klares, zielgerichtetes Denken nur mehr sehr eingeschränkt bis gar nicht mehr möglich ist. Sympathikus und Parasympathikus sind gleichermaßen hochaktiv, was einerseits Herzrasen, Schwitzen und ein in den Kopf aufsteigendes Hitzegefühl und andererseits Stuhl- und Harndrang bis hin zur Lähmung erzeugt. Häufig ist dieser Zustand daher mit der sekundären Angst verbunden, unmittelbar in Ohnmacht zu fallen, einen Herzinfarkt oder einen Schlaganfall zu erleiden oder verrückt zu werden.

Nach Borwin Bandelow (2004) kommt es bei der Hälfte der Betroffenen sogar zu Panikattacken direkt aus dem Schlaf heraus, was verständlicherweise als besonders bedrohlich erlebt wird. Erstaunlicherweise sind die bei Panikpatientinnen gemessenen physiologischen Parameter, wie Herzschlag und Atemfrequenz, nur leicht bis mäßig gegenüber der Norm erhöht. Dies steht im Widerspruch zum subjektiven Erleben der Betroffenen. Die Dauer einer Panikattacke bewegt sich laut Bandelow (2004) zwischen fünf Minuten und mehreren Stunden, der Durchschnitt liegt bei 30 bis 45 Minuten.

Einer ersten ernsthaften Panikattacke folgt in der Regel, unabhängig davon, ob ein Auslöser identifiziert werden kann oder nicht, die ständige Furcht vor einer neuen Attacke als Angst vor der Angst. Dies kann in schweren Fällen durchaus auch als eine Sonderform einer PTBS angesehen werden. Panikattacken, die relativ rasch einer nachvollziehbaren bedrohlichen Situation zugeordnet werden können, werden weniger beängstigend erlebt als Panikattacken aus heiterem Himmel.

Praxisbeispiel

In meiner (Otto Hofer-Moser) Praxis für Allgemeinmedizin häufen sich in den letzten Jahren Situationen, in denen mich Patienten nach einem ambulanten oder eintägigen Klinikaufenthalt mit der Diagnose im Kurzarztbrief »Ausschluss eines akuten Koronarsyndroms«, d. h. Ausschluss eines Herzinfarktes, konsultieren. Die somatovegetative Begleitsymptomatik einer Panikattacke, die als solche noch nicht erkannt wurde, hatte die Betroffenen die Klinik aufsuchen lassen. Leider erfolgt auf diesen internistischen Abteilungen in der Regel nur die somatische Abklärung. Die Betroffenen werden mit der Versicherung nach Hause geschickt: *»Ihr Herz ist völlig in Ordnung. Es ist auch kein Schlaganfall. Sie können ganz beruhigt sein und im Übrigen wenden Sie sich doch morgen an Ihren Hausarzt.«* Die Patientinnen sind natürlich alles andere als beruhigt und es obliegt dann mir als Hausarzt, die nötige Aufklärungsarbeit zu leisten:

»So wie Sie dieses bedrohliche Geschehen schildern und nachdem eine somatische Erkrankung Gott sei Dank bereits in der Klinik praktisch ausgeschlossen werden konnte, haben Sie eine klassische Panikattacke erlitten (eine ausführliche Beschreibung findet sich auch bei Bandelow, 2004). *Eine solche geht nämlich in der Regel mit höchst*

bedrohlich empfundenen Gefühlen der Beklemmung und Stechen in der Brust sowie mit Herzrasen und Atemnot einher. Die Betroffenen haben das Gefühl, dass ihnen das Herz bis zum Hals klopft und der Hals wie zugeschnürt ist. Weitere Phänomene können ein aufsteigendes Hitzegefühl bei gleichzeitig kalten Schweißausbrüchen, unterschiedlich starke Schwindel- und Benommenheitsgefühle sowie Zittern der Hände bis Zittern am ganzen Leibe sein. All das ist in der Regel verbunden mit der panischen Angst, zu ersticken, gleich ohnmächtig zu werden, einen Herzinfarkt oder Schlaganfall zu erleiden oder gerade verrückt zu werden. Manche Betroffene haben zusätzlich das Gefühl wie neben sich zu stehen oder wie in einem falschen Film zu sein. Können Sie sich vorstellen, dass das gestern auch bei Ihnen eine solche Panikattacke war?«

Zentral ist die professionelle Aufklärung darüber, dass es sich bei Panikattacken fast immer um eine fehlgeleitete, überschießende Alarmreaktion des Organismus im Sinne fälschlich aktivierter archaischer Kampf- und Fluchtreaktionen handelt, die normalerweise höchst sinnvoll auf mögliche Gefahren hinweisen und helfen, mit diesen fertigzuwerden. Nachdem bei einer typischen Panikattacke solche realen äußeren Gefahrensituationen häufig nicht identifiziert werden können, werden nun verständlicherweise diese innerlich wahrgenommenen und kausal nicht zuordenbaren Reaktionen subjektiv als höchst bedrohlich bewertet. Auf den Punkt gebracht: Eine Panikattacke ist ein Fehlalarm im archaischen Kampf/Flucht-System, sie fühlt sich höchst bedrohlich an, ist aber nicht gesundheitsgefährdend. An einer Panikattacke stirbt man nicht. Sie klingt in der Regel spätestens innerhalb von 45 Minuten wieder ab.

7.2 Panikattacken in Krisensituationen

Die *spezifische Krisenintervention* besteht darin, nach ausreichender Psychoedukation über die Physiologie und den evolutionsbiologischen Sinn einer Panikattacke und der ausreichenden Vermittlung von Selbsthilfetechniken zur Kontrolle des Symptoms Panikattacke, den Krisenanlass, der zur Panikattacke geführt hat, in seiner subjektiven Bedeutung zu erfassen und ihn nach Möglichkeit rasch zu kontextualisieren, bevor man zum konventionellen Krisenmanagement übergeht.

(!) BEACHTE: Tritt ohne bekannte Panikvorgeschichte eine massive Panikattacke zum ersten Mal während einer Psychotherapiesitzung auf, sollte aus Gründen der rechtlichen Absicherung auf jeden Fall ein Notarzt hinzugezogen werden. Eine ausreichend medizinisch-klinische Abklärung hilft auch dem Psychotherapeuten und dem Berater die nötige innere Gewissheit zu entwickeln, dass es sich nur um eine Panikattacke und nicht um ein somatisch gefährliches Geschehen handelt. Diese Gewissheit ist für Klient und Psychotherapeut gleichermaßen unerlässlich.

Die Leitlinien zur Behandlung von Panikstörungen und Agoraphobie beschreiben Expositionen als einen unverzichtbaren Teil der Behandlungsinterventionen (Heinrichs, Alpers u. Gerlach, 2009). Dies belegt auch die aktuelle Forschungslage: Exposition in vivo ist effektiver, vor allem bei einem ausgeprägten Vermeidungsverhalten. Korrektive Erfahrungen, durch die das Nachlassen der Angst in ehemals panikauslösenden Situationen erlebbar wird, ermöglichen in der Folge Habituationsprozesse. Allerdings setzt dies voraus, dass das Furchtsystem während der Exposition aktiviert sein muss. Forschungsergebnisse (Lang, Helbig-Lang, Westphal, Gloster u. Wittchen, 2012) deuten darauf hin, dass der Einsatz von Sicherheitsverhalten während der Exposition (z. B. das Mitführen von Übergangsobjekten, kognitive Ablenkungsstrategien, Atem- und Entspannungstechniken etc.) zu weniger günstigen Ergebnissen, »im Vergleich zu Behandlungen, bei denen alle Sicherheitsverhaltensweisen unterbunden wurden« (Lang et al., 2012, S. 31), führt.

Während einer Krisenintervention geht es jedoch nicht darum, eine Angst- oder Panikstörung zu behandeln. Vielmehr gilt es, dem verständlichen Kontrollbedürfnis der Betroffenen entgegenzukommen und ihnen wirksame Techniken der Selbstberuhigung an die Hand zu geben. Dies ist vor allem deshalb notwendig, um eine be-

ginnende Chronifizierung im Sinne einer ständigen Alarmbereitschaft (»Angst vor der Angst«) frühzeitig zu unterbinden. Folgende Optionen haben sich hier bewährt:
- *Psychoedukation:*
  Mit den Betroffenen wird auf einer rationalen Ebene erörtert, inwieweit sie nachvollziehen können, dass sich Panikattacken zwar höchst bedrohlich anfühlen, diese aber nicht akut gesundheitsgefährdend sind. In der Regel werden dadurch Ängste vor weiteren Attacken allerdings noch nicht aufgelöst. Sollte eine Differenzierungsarbeit zwischen rationalen Zweifeln einerseits und emotionalen Ängsten andererseits notwendig sein, dann ist dies die Aufgabe einer nachfolgenden Psychotherapie.
- *Einüben eines beruhigenden inneren Dialoges:*
  Erst wenn es keine nennenswerten rationalen Zweifel mehr über die Ungefährlichkeit von Panikattacken gibt, können Betroffene lernen, während einer Panikattacke einen inneren *Talk Down* durchzuführen. Es geht darum, sich in dieser bedrohlichen Situation selbst in einer Art und Weise zu beruhigen, wie man es auch mit einem total verängstigten Kind tun würde. Diese Technik muss wiederholend eingeübt werden, da während eines Panikanfalls zielgerichtetes Denken nur sehr eingeschränkt möglich ist. Die Betroffenen werden dazu angeleitet, eine Panikattacke anzuspüren (allerdings nicht zu aktualisieren), um dann in der Folge diesen beruhigenden inneren Dialog im Kontext der Sicherheit der therapeutischen Situation und der therapeutischen Begleitung mit sich selbst zu führen.
- *Einsatz von Atemtechniken:*
  Als hilfreich haben sich auch strukturierte Atemübungen erwiesen. Die einfachste davon besteht darin, ganz bewusst auf eine gute Ausatmung, auf ein Abfließen von Angst und Spannung in der Ausatmung zu achten. Manchmal hilft zusätzlich, während der Ausatmung von fünf oder sechs rückwärts bis null zu zählen. Das Rückwärtszählen wird leichter mit Beruhigung assoziiert als die aufsteigende Zahlenreihenfolge. Rückwärtszählen bedarf zusätzlich einer größeren mentalen Anstrengung als

die aufsteigende Reihenfolge. Dadurch wird die Aufmerksamkeit weg vom bedrohlich bewerteten inneren Empfinden hin zu einem neuen Fokus verlagert.
- *Aufmerksamkeitslenkung:*
Durch die Aufforderung, sich bewusst im Raum umzuschauen, nacheinander beispielsweise drei bis fünf rote, grüne und braune Gegenstände des Zimmers zu benennen, wird die Orientierungsreaktion aktiviert. Zudem vergewissern sich die Betroffenen dadurch, dass derzeit keine gefährlichen Signale ausgemacht werden können. Die Lenkung der Aufmerksamkeit auf das Wahrnehmen der Unterlage, des Bodens und auf die Gewissheit, dass dieser ganz verlässlich trägt, kann ebenfalls das Gefühl der Sicherheit stärken. Angst ist nämlich nicht selten mit einem Schwankschwindel verbunden, als ob es einem den Boden unter den Füßen wegziehen würde.
- *Klopftechniken (Bohne, 2010):*
Auch sie erweisen sich für viele Betroffene als eine gute Selbsthilfetechnik. Das Klopfen an sich ist, unabhängig von den ausgeklügelten neurobiologischen Theorien über dessen Wirkfaktoren, auch ein Akt der Selbstvergewisserung: »Ich bin da, ich bin lebendig.« Dies vermag Phänomenen der Derealisation und Depersonalisation, die ja häufig mit einem Empfinden von Betäubtsein einhergehen, entgegenzuwirken.
- *Medikamente:*
Nicht zu vergessen ist die oftmals notwendige begleitende medikamentöse Therapie mit Serotonin-Wiederaufnahmehemmer (SSRI). Die mögliche Zusammenarbeit mit einem Psychiater ist also auf jeden Fall zu diskutieren.

7.3 Das Hyperventilationssyndrom

Das Hyperventilationssyndrom wird zu den funktionellen Störungen des respiratorischen Systems (ICD-10: F45.33) gezählt. In der Symptomatik entspricht ein Zustand der Hyperventilation (siehe dazu auch Dick u. Dick-Ramsauer, 1996) dem Bild einer Panikattacke in Verbindung mit einem ausgeprägt dysfunktionalen Atemmuster und dessen physiologischen Begleiterscheinungen.

Hyperventilation kann als eine über die physiologischen Bedürfnisse hinausgehende Atemtätigkeit definiert werden. Vom äußeren Aspekt her trifft man bei den Betroffenen auf eine sehr ängstlich imponierende, unruhige Person mit schneller, unregelmäßiger, eher flacher Brustatmung, zeitweise gefolgt von tiefen Atemzügen und auch Atempausen, in Verbindung mit schnellem Puls, Pfötchenstellung der Arme und Hände und mit Karpfenmund. Subjektiv klagen die Betroffenen über Ameisenlaufen, Kribbeln der Extremitäten und des Mundes, über Schwindel, Benommenheit, Kopfschmerz, Atemnot, Druck auf der Brust und über das Gefühl zu ersticken. Häufig treten auch Krämpfe in den Extremitäten (Tetanie) auf. Auffallend ist die große Ängstlichkeit und Dramatik, die auch ansteckend auf die Umgebung wirkt.

Von der Pathophysiologie her führt die forcierte flache Atmung zur vermehrten Abatmung von CO_2, wodurch Kohlensäure verloren geht. Dies bewirkt eine sogenannte respiratorische Alkalose. Dadurch wird Kalzium im Blut stärker an Eiweiß gebunden, was die Symptomatik von Kribbeln, Taubheitsempfinden und Krämpfen bewirkt. Es besteht also kein echter Kalziummangel, weshalb Kalziuminjektionen als erste Hilfemaßnahme bereits seit Jahren obsolet sind. Frauen sind von diesem Krankheitsbild etwa dreimal häufiger betroffen als Männer, der Erkrankungsgipfel liegt im zweiten bis dritten Lebensjahrzehnt. Auslöser sind in der Regel mehr oder weniger verdrängte emotionale Belastungssituationen, wobei die schnelle flache Atmung am Beginn vermutlich unbewusst dazu dient, diese Emotionen – in der Regel Wut, Trauer, Enttäuschung – nicht hochkommen zu lassen. Dies löst dann über den durch die Alkalose bewirkten Mangel an freien Kalziumionen im Blut die beängstigenden Körpersensationen aus, was zur alles überdeckenden Panikreaktion führt. Die Panikreaktion selbst hat die Tendenz, die schnelle Atmung noch weiter zu beschleunigen, was die Gesamtsymptomatik wiederum verstärkt, ein Teufelskreis.

Die Krisenintervention besteht also logischerweise darin,

- die Panik durch eine beruhigende, klärende Ansprache unter Kontrolle zu bringen: »*Das ist eine Hyperventilation, das fühlt sich ganz fürchterlich an, es ist aber nicht gefährlich.*«
- immer wieder zum richtigen Atmen anzuleiten: »*Einfach langsam atmen, dabei gut ausatmen, eine kleine Pause machen und dann über den Bauch die Einatmung von selbst geschehen lassen.*« Dadurch wird die Atmung verlangsamt und die Aufmerksamkeit von ängstigenden Empfindungen abgelenkt. Wenn die Angst nicht mehr zu sehr im Vordergrund steht, können die Betroffenen ermuntert werden, »leise einen hohen Ton zu summen und dann darauf zu achten, wie es in den Lippen kitzelt« (Langewitz, 2012, S. 773).

Praxistipp

Wichtig im Umgang mit den Betroffenen ist es,
- entschieden und professionell aufzutreten (Lown, 2004),
- die Angst über die Diagnosemitteilung und der Versicherung, dass diese ungefährlich ist, zu bannen,
- über Körpersprache und Körperkontakt zu beruhigen sowie
- konsequent zu einer langsamen Bauchatmung mit Fokus auf gutem Ausatmen anzuleiten.

Take-Home-Message

Stellen Panikattacken die primären Leitsymptome dar, ist nicht Krisenintervention, sondern eine störungsspezifische psychotherapeutische Behandlung notwendig.

Treten Panikattacken im Rahmen einer Krisenintervention auf, sind psychoedukative Elemente sowie die Vermittlung von Techniken der Selbstberuhigung die vorrangigen Interventionsstrategien, bevor zu den bewährten Strategien für Kriseninterventionen übergegangen werden kann.

Besondere Beachtung ist in diesem Zusammenhang dem Hyperventilationssyndrom zu schenken, wobei Psychoedukation, ein angeleitetes gutes Ausatmen sowie das Herstellen eines positiv-beruhigenden Rapports als bevorzugte Gegenmaßnahmen anzusehen sind.

8 Überwältigende Trauer

Der deskriptive Begriff Verlustkrise umfasst ein sehr breites Feld an Lebensereignissen, die beim Überschreiten der individuellen Ressourcen- und Resilienzlage in Verschränkung mit der spezifischen sozialen Situation für eine krisenhafte Zuspitzung bis hin zu einem traumatischen Verlauf führen können. Es kann sich dabei um so Unterschiedliches wie den Verlust des Arbeitsplatzes, Umzüge auf größere Distanz, Heimatverlust oder um eine Trennung handeln. Der Verlust körperlicher Unversehrtheit nach Unfällen oder die Diagnose einer ernsthaften bis potenziell lebensbedrohlichen Erkrankung gehören ebenso dazu wie der Verlust eines bislang tragfähigen, mehr oder weniger bewussten Sinn- und Wertesystems. Letzteres kann sich dann in einer sogenannten spirituellen Krise manifestieren (Utsch, 2018; Hofmann u. Heise, 2017). Trauer ist also »der psychische Zustand, der einem aktuellen oder wahrgenommenen Verlust eines bedeutsamen Objektes, eines Zustands, oder einer bedeutsamen Beziehung folgt« (Juen, 2012, S. 17)

Das archetypische Verlustereignis schlechthin ist der Tod eines nahen Angehörigen. Die natürliche Reaktion auf schwere Verluste aller Art ist die Trauerreaktion bzw. der Trauerprozess.

BEACHTE: »In der Trauer um den [jeweiligen] gegenwärtigen Verlust schwingt [auch] die Trauer um alle früheren Verluste [mehr oder weniger] mit« (Baer u. Frick-Baer, 2008, S. 42; Erg. der Autoren).

Trauer ist eine archetypische basale emotionale Reaktion, die wir auch bei unseren Säugetierverwandten antreffen. Man denke nur an die Reaktion von Hunden auf den Tod des geliebten Frauchens bzw. Herrchens, oder auf die berührenden Verhaltensweisen von Affenmüttern, die ein verstorbenes Baby noch tagelang mit sich herumtragen und die Irritation, die das auch für nahestehende Hordenmitglieder mit sich bringt (Safina, 2017).

8.1 Trauerbegleitung und Trauertherapie

Für die Bewältigung von Verlusterfahrungen im Sinne des Todes eines nahen Angehörigen darf man im Normalfall mit George A. Bonanno (2012) und Hilarion G. Petzold durchaus davon ausgehen, dass die Betroffenen durch die ihnen zur Verfügung stehenden Ressourcen, Resilienzen und Coping-Strategien, insbesondere aber durch ausreichend gute Unterstützung ihres sozialen Umfeldes, mit dieser Belastung im Laufe der Zeit einen hinreichend guten Umgang finden. Der Tod ist naturgemäß kein Ereignis, das als weit außerhalb der normalen Erfahrung liegend zu bewerten ist. Geborenwerden und Sterben sind integraler Bestandteil des Lebens. Nachdem allerdings in den letzten Jahrzehnten, zumindest in der sogenannten westlichen Zivilisation, die sozialen Netzwerke zum Teil dramatisch geschrumpft und im Zuge der Individualisierung auch brüchiger geworden sind und es gleichzeitig zu einem Verlust an Wissen und Erfahrungen mit hilfreichen soziokulturellen familiären und individuellen Ritualen für diese archetypische Situation gekommen ist, wird das Sterben von Angehörigen häufig zu einer dramatischen Ausnahmesituation. Der Tod wurde und wird größtenteils in unserem Kulturkreis tabuisiert und das Sterben ins Krankenhaus verlagert. Aufgrund dieses individuellen und soziokulturellen Ressourcenverlustes, der häufig auch in Kombination mit einem Verlust an spirituell-religiöser Überzeugungen und Sicherheiten gesehen werden muss, ist die Gefahr, dass an sich normale Trauerprozesse ins bedenklich Krisenhafte abgleiten, erheblich größer geworden. Der Bedarf an professioneller Sterbe- und an anschließender Trauerbegleitung ist korrespondierend dazu deutlich gestiegen.

Auf einen Blick

Die Aufgabe von Trauerbegleitung besteht in erster Linie darin, den soziokulturellen Struktur- und Werteverlust weitgehend auszugleichen. Diese Begleitung – und das ist nicht Psychotherapie im engeren Sinne – hilft, den Trauerprozess ausreichend zu regulieren, indem sozialer Halt, Geborgenheit und spezifisches Wissen zur Verfügung gestellt werden sowie Psychoedukation über den Trauerprozess als einer normalen Reaktion auf das Verlusterleben erfolgt. Eine besondere Rolle nimmt dabei die Anregung bzw. Ermutigung zu einem inneren Dialog mit dem Verstorbenen und das Erarbeiten von individuell stimmigen Ritualen ein, denn »Rituale drücken symbolisch etwas aus, das größer und umfassender ist, als die rituelle Handlung selbst« (Paul, 2012, S. 24).

Der Tod nach einer langen schweren Krankheit kann für Angehörige als eine Erlösung vom Leiden erlebt und das Sterben hochbetagter Eltern als ein natürliches Zu-Ende-Kommen eines erfüllten Lebens bewertet werden. Es gibt jedoch Umstände des Todes, die einen krisenhaften oder traumatischen Verlauf der Verlusterfahrung sehr wahrscheinlich werden lassen. Dann ist in der Regel Trauertherapie im Sinne einer spezifischen Psychotherapie sinnvoll und indiziert, um das Risiko eines komplizierten Trauerverlaufes zu vermindern. Solche Risikofaktoren für schwer zu bewältigende Verlusterfahrungen sind in Anlehnung an Kachler (2014):

- Der unerwartete Verlust, z. B. der plötzliche Herztod eines jungen Partners;
- traumatische Umstände beim Tode eines geliebten Menschen, insbesondere entstellende Unfälle, Tod durch Gewalt u. a.;
- das unmittelbare Miterleben des Todes eines nahen Menschen unter dramatischen Umständen;
- der Verlust eines Kindes;
- im Kindes- oder Jugendalter der Verlust eines Elternteiles;
- mehrere schwere Verluste im Verlaufe einer Biografie;

- Verlust durch einen Suizid;
- Verlust durch Drogen;
- Verlust eines Nahestehenden, für dessen Tod sich die Hinterbliebenen irgendwie schuldig fühlen;
- uneindeutige Verluste, bei denen der Leichnam des Verstorbenen zerstört worden ist oder nicht gefunden werden konnte, z. B. Flugzeugabsturz ins Meer, Großbrandereignisse;
- tabuisierte Verluste, zu denen sich Hinterbliebene nicht öffentlich bekennen können, z. B. der Tod eines heimlichen Geliebten;
- der Verlust eines Menschen, zu dem eine ambivalente, konflikthafte, missbräuchliche bis abhängige Beziehung bestanden hat;
- vorbestehende Depression oder PTBS (Trauer kann eine manifeste Depression verstärken bzw. eine latente aktualisieren, eine komplizierte Trauer kann in eine Depression einmünden).

(!) BEACHTE: Die Schwere eines Verlustes wird letztlich immer aus der Perspektive des subjektiven Erlebens und Bewertens der Betroffenen bestimmt.

In den letzten Jahren hat es viel Forschung zu Psychotherapie mit Trauernden gegeben, wodurch einige neue kreative Ansätze entstanden sind. Als ein wichtiger Exponent für diese Entwicklungen gilt Roland Kachler, der aus eigener Erfahrung heraus – er hat seinen damals 16-jährigen Sohn durch einen Unfall verloren – seinen für viele Betroffene sehr hilfreichen Ansatz einer hypnosystemisch-psychodynamischen Trauerbegleitung bzw. Trauertherapie entwickelt hat (Kachler, 2009, 2011, 2014). Die folgenden Ausführungen stützen sich weitgehend, aber nicht ausschließlich auf diese Bücher.

8.2 Neue Ansätze in der psychotherapeutischen Trauerbegleitung und Trauertherapie

Der zentrale Leitgedanke in den neuen Ansätzen der psychotherapeutischen Trauerbegleitung ist die Hypothese, dass der Prozess der Verlustbewältigung über eine Transformation der ursprünglich äußeren und inneren Beziehung in eine ausreichend gute neue innere, symbolisch-imaginative Beziehung erheblich erleichtert wird. Auch die Bewertung der Traueremotion an sich hat sich unter dieser Perspektive verändert. Kachler (2014) versteht sie »als Beziehungsemotion, die das Beziehungssystem mit dem geliebten Menschen nicht einfach beendet, sondern reorganisiert und an die neuen Bedingungen anpasst« (S. 119) und nicht nur als Verlustemotion. Nach Bednarz (2005, zit. nach Kachler, 2014) gilt also zusammenfassend: »Die Beziehung zu den Toten ist integraler Bestandteil der Identität der Nachbleibenden« (S. 45).

Dieser Leitgedanke einer hilfreichen inneren Beziehungstransformation löst das in Trauerbegleitung und -therapie bisher vorherrschende, vorwiegend auf Sigmund Freud (1916) zurückgehende Paradigma ab, dass es im Trauerprozess vorrangig darum gehe, die Hinterbliebenen darin zu unterstützen, den Verstorbenen innerlich loszulassen, die Libido von ihm abzuziehen, Trauerarbeit zu leisten, um so in einer angemessenen Zeit wieder in der Lage zu sein, den Verlust zu akzeptieren und sich dem Leben und neuen Liebesobjekten zuwenden zu können (Kachler, 2014). Wenn nun nach diesem alten Paradigma Trauerbegleiterinnen auf ein notwendiges Loslassen der vergangenen Realität drängen, würden dies nach Kachler viele Hinterbliebene als eine völlig inakzeptable Illoyalität der Verstorbenen gegenüber, ja geradezu als Verrat an ihr, erleben und bewerten. Die Verstorbene loszulassen wird von den Trauernden häufig als ein Fallenlassen oder – noch spezifischer – als ein Fallenlassen ins Leere aufgefasst. Dies könnte dazu führen, dass der Schmerz weiter vertieft und möglicherweise sogar die Trauerbegleitung/die Trauertherapie abgebrochen wird. Darüber hinaus sei diese Vorstellung vom Loslassen-Müssen zusätzlich mit der großen Angst verbunden, den Verstorbenen ein zweites Mal, nämlich jetzt auch innerlich, und damit für immer zu verlieren.

Praxisbeispiel
Anruf von Frau W., sie brauche sofort einen Termin, sie ertrage das alles nicht, sie könne ihr Kind nicht beerdigen. Ihr Mann bringt sie noch am

selben Tag mit dem Auftrag: »Tun Sie etwas, meine Frau dreht durch.« Frau W. erzählt vom plötzlichen Tod ihres Kindes, sie habe einen Tag und eine Nacht am Bettchen ihres toten Kindes verbracht. Der Bestatter habe das Kind nun abgeholt, sie könne aber nicht zulassen, dass er es beerdige. Unter Schluchzen erzählt sie dann, dass ihr Kind an einem plötzlichen Kindstod verstorben, dass sie aus der Kirche ausgetreten und dass das Kind nicht getauft sei. Erschüttert durch den Verlust des Kindes erlebt Frau W. Schuldgefühle. Die Frage nach einem strafenden Gott taucht auf, ebenso der Wunsch, von etwas, das größer ist als wir, getragen zu sein. Der Blick, sitzend beim toten Kind, durch das Fenster den Himmel und die Wolken wahrnehmend, habe sie für Momente ruhiger gemacht. Mit der Zeit, im zeitlosen Mit-der-Frau-und-ihrem-Schmerz-Sein, taucht in ihr der Wunsch nach einem sakralen Raum für die Verabschiedung auf. Miteinander suchen wir nach einer Ritualleiterin, die helfen kann, diesen ihren Wunsch zu realisieren.

Die Krisenintervention bestand darin, der Frau zunächst beizustehen, zu ertragen, was nicht zu ertragen ist, indem beziehungsgestützt Raum für ihre Schockstarre und ihren Schmerz zur Verfügung gestellt und indem ihr dann in der aktiven individuellen Ritualgestaltung ein innerer Beziehungsraum zu ihrem Kind eröffnet wurde. Es war der Beginn einer längeren Trauerbegleitung.

Begleitung bzw. Therapie bei Verlusterfahrungen bedeutet Arbeit an und mit den Trauergefühlen und Trauerempfindungen (Trauer, Schmerz, Leere, Einsamkeit, Erstarrung, Wut, Verzweiflung, Schuldgefühle) in prozesshafter, dynamisch-reziproker Verschränkung mit der Arbeit an und mit der inneren Beziehung zum Verstorbenen. Es geht also um ein hilfreiches situatives, prozessorientiertes Pendeln zwischen Realisierungsarbeit einerseits und Beziehungsarbeit andererseits in Verbindung mit einem konsequenten Entpathologisieren unterschiedlicher Trauerverläufe und unterschiedlicher Trauerphänomene.

Man spricht in diesem Zusammenhang nicht mehr von einer *pathologischen* Trauer, sondern von einer *prolongierten* oder *komplizierten* Trauer. Die normale Dauer des Verlustbewältigungsprozesses wird nicht mehr mit dem sprichwörtlichen Trauerjahr begrenzt (siehe auch Paul, 2012). Sie kann bei Verlusten unter erschwerten Umständen, aber nicht nur bei diesen, durchaus drei Jahre und mehr betragen. Diese explizite professionelle Feststellung ist auch als ein Schutz gegen aktuelle gesellschaftliche Forderungen an die Hinterbliebenen nach möglichst rascher Funktionsfähigkeit im Berufs- wie Privatleben zu verstehen. Auch die unterschiedlichen Phänomene des Verlusterlebens werden durchwegs als normal, im Sinne von der Schwere des Verlustes angemessen, gedeutet. Die Intensität der unterschiedlich ausgeprägten Trauergefühle und Trauerempfindungen wird gleichzeitig auch als Ausdruck der tiefen Liebe zum Verstorbenen gewürdigt bzw. auf diese Weise uminterpretiert. Dissoziative Phänomene (»wie im falschen Film«, ein »Neben-sich-Stehen«, »wie unter einer Glasglocke«) werden zusätzlich auch im Sinne von Psychoedukation neuro- und evolutionsbiologisch erklärt (siehe Abschnitt zur Psychotraumatologie). Zudem verleiht man explizit der Zuversicht Ausdruck, dass sich diese belastenden bis erschütternden Gefühle und Phänomene mit der Zeit zum Positiven verändern werden bzw. dass sie sich irgendwann in etwas Neues verwandeln können und verwandeln werden.

Diese konsequente Normalisierung und das explizite Erlauben und Würdigen ist besonders auch beim Phänomen der sogenannten Pseudohalluzinationen sehr hilfreich: Die Betroffenen hören oder sehen den Verstorbenen in unterschiedlichen Situationen oder sie spüren ihn nachts an ihrer Seite. Sie erleben möglicherweise eine intensive Nähe zu ihm, wie sie zu Lebzeiten nie vorhanden war. Paul (2012) spricht in diesem Zusammenhang auch von einer »›heimlichen Gegenwart‹ der Verstorbenen« (S. 88). Diese sogenannten halluzinatorischen Erfahrungen können auf der einen Seite als unheimlich erlebt werden, sie können für die Betroffenen aber auf der anderen Seite auch eine eigene und vielfach sehr wichtige innere Realität darstellen, die es nicht nur zu akzeptieren, sondern für die Trauerbegleitung zu nutzen gilt, indem auch sie als Ausdruck der Sehnsucht nach und als Ausdruck der tiefen Liebe zur Verstorbenen gedeutet werden.

Auf einen Blick

»Es gibt kein ›richtiges‹ und kein ›falsches‹ Trauern« (Paul, 2012, S. 9), sondern nur an Intensität, Vielgestaltigkeit und Dauer höchst individuell verlaufende Trauerreaktionen (Baer u. Frick-Baer, 2008). »Trauer wird [darüber hinaus] in jeder Kultur anders erlebt und gestaltet« (Paul, 2012, S. 14). Trauernde werden nicht als Patienten, sondern als tief trauernde Menschen angesehen, die in dieser existenziell belastenden Situation eine einfühlsame und Struktur gebende Begleitung von wohlwollenden Mitmenschen benötigen. Von Trauertherapie sollte erst dann gesprochen werden, wenn sich nach einer angemessenen Zeit der Verdacht auf die Entwicklung einer komplizierten Trauer erhärtet. Auch als Professional ist man also zunächst in erster Linie in der Rolle eines existenziell anteilnehmenden Mitmenschen, der das zu Verfügung stellt, was das soziale Umfeld nicht, oder noch nicht leisten kann. Erst in zweiter Linie kommt, je nach Notwendigkeit, die professionelle Rolle zum Tragen. Zwischen diesen beiden Rollen unterscheiden und wie selbstverständlich zwischen beiden wechseln zu können, ist in der Trauerbegleitung also noch wichtiger als in einer konventionellen Therapie oder Beratung.

8.3 Dynamisches Verlaufsmodell der Verlustbewältigung

Auf diesem allgemeinen Hintergrund lässt sich nun, ganz ähnlich dem dynamischen Verlaufsmodell psychischer Traumatisierung nach Fischer und Riedesser (2009), ein dynamisches Verlaufsmodell der Verlustbewältigung skizieren. Dieses beschreibt ein individuell höchst unterschiedlich ablaufendes Pendeln zwischen Realisierungsarbeit und Beziehungsarbeit.

Der Tod eines Angehörigen wird fast immer als eine wichtige Zäsur im Leben erlebt und bewertet. Je nach Qualität der vorbestehenden Beziehung und der Dramatik der Todesumstände werden die Betroffenen den Verlust halbwegs vorbereitet akzeptieren und vermutlich gleichzeitig von der Wucht des Geschehens überrascht sein. Denn auch ein gutes Vorbereitetsein kann diese existenzielle Unfassbarkeit des Todes nicht wirklich vorwegnehmen. Bei schweren Verlusten steigert sich diese Wucht häufig zum traumatischen Schock. Dann dominieren am Beginn in der Regel dissoziative Phänomene der Derealisation und der Depersonalisation verbunden mit Gefühlen von Betäubtheit, Erstarrung bis Versteinerung und dem Empfinden großer innerer Leere.

Bei geringer oder fehlender Traumasymptomatik bzw. nach allmählicher Auflösung der Schocksymptomatik wird die äußere Abwesenheit als große oder gar unendliche Distanz zum Verstorbenen erlebt, was mehr oder weniger intensive Trauerreaktionen wie Verzweiflung, ein Gefühl der Leere, Einsamkeit, Angst und Schmerz hervorruft, wobei letzterer vor allem zu Beginn durchaus die Qualität eines ganzleiblichen Schmerzes annehmen kann im Sinne von: Alles ist Trauer, alles ist nur Schmerz. Darüber hinaus kann auch eine irrationale Wut auf den Verstorbenen Teil der Trauergefühle sein: »Wie kann er mich so allein lassen und mir das antun.« Oft fällt es den Betroffenen aus Scham allerdings schwer, sich diese Gefühle einzugestehen oder gar auszusprechen. Hier braucht es oft ein aktives Nachfragen, ob solche Gefühle vorhanden sind. Die Wut kann sich aber auch gegen »den Krebs«, gegen »die Ärzte, die ihn nicht retten konnten«, gegen »das Schicksal«, gegen »Gott« richten. Andererseits gibt es immer wieder Phasen großer innerer Nähe- und Präsenzerfahrungen in Form von Sehnsucht nach, Mitgefühl mit und Liebe zum Verstorbenen (Kachler, 2014). Steht letztere im Vordergrund, kommt es manchmal paradoxerweise inmitten des Schmerzes schon von Beginn an zu einem, in dieser Art und Weise unbekannten Gefühl von Ruhe, Frieden und Gelassenheit. Gar nicht so selten sind also beide Pole – schmerzhafte Verlustgefühle und tröstende Näheerfahrungen – gleichzeitig oder rasch oszillierend spürbar, was von den Betroffenen unter Umständen zusätzlich als verwirrend bis ängstigend oder gar verstörend erlebt wird. Hier ist deshalb eine entsprechende Psychoedukation bzw. ein Normalisieren notwendig.

Der Prozess der Verlustbewältigung kann erleichtert werden, indem

- ein laufendes Reframing der intensiven Trauergefühle als *schmerzende Liebe* zum Verstorbenen stattfindet – ohne dabei mögliche ambivalente Aspekte dieser Liebe auszublenden (es geht also durchaus auch um das Ringen um ein realistisches Bild des Verstorbenen) –,
- zum inneren Dialog mit dem Verstorbenen angeregt und ermutigt wird *(»Reden Sie mit ihm, wenn Ihnen danach zumute ist, sagen Sie ihm innerlich alles, was Ihnen auf dem Herzen liegt und hören Sie vielleicht auch darauf, was er Ihnen antwortet!«)*,
- der Verstorbene frühzeitig als *Innerer Trauerratgeber* etabliert wird (eine hilfreiche Frage kann hier sein: »*Was würde Ihnen wohl die Verstorbene in dieser so schweren Zeit als Unterstützung sagen bzw. Ihnen raten?*«)
- und schließlich ein sogenannter *Sicherer innerer Ort* für den Verstorbenen gefunden wird (im eigenen Herzen, in der Erinnerung, in der Natur, im Himmel).

Dieses dynamische Pendeln zwischen schmerzhafter Realisierung des Verlustes einerseits und das Etablieren einer neuen inneren, in der Regel symbolisch-imaginativen Beziehung andererseits individuell prozesshaft zu unterstützen und bei Blockaden in diesem Pendeln, also einseitigen Fixierungen, hilfreich intervenieren zu können, macht die Kunst einer guten professionellen Trauerbegleitung bzw. -therapie aus, die dann letztlich eine lebensbejahende Neuausrichtung des Lebens ermöglicht.

(!) BEACHTE: Auch solch elaborierte Modelle für eine Verlustbewältigung ersetzen nicht individualisierte Zugänge zu trauernden Menschen. »Es gibt keine ›richtige‹ Form der Trauer« (Juen, 2012, S. 25). Bei vorangegangener hoch ambivalenter, konfliktreicher bis gar missbräuchlicher Beziehung lässt sich oben beschriebener Ansatz in der dargestellten Weise auch nicht umsetzen. Wenn nahe Mitmenschen an schweren und qualvollen Erkrankungen sterben (z. B. an einem Krebsleiden) kann dies zu einer hoch identifikatorischen blockierenden Trauer führen. In beiden Fällen bedarf es einer spezifischen Trauertherapie. Zudem muss das Loslassen einer verstorbenen Person nicht unbedingt im Gegensatz zum Aufbau einer neuen symbolisch-imaginativen Beziehung stehen. Menschen dabei zu unterstützen, den Verlust zu akzeptieren, kann ebenfalls die Transformation einer Verlustemotion in eine neue Beziehungsemotion mit der verstorbenen Person ermöglichen.

8.4 Voraussetzungen für Trauerbegleitung

Wer in der Trauertherapie tätig werden will, sollte für sich die folgenden Aspekte ausreichend geklärt haben (Kachler, 2014):
- Will und kann ich schlimmste Verlusterfahrungen aushalten und sie zugleich bei den Trauernden als ihre Erfahrung belassen?
- Will und kann ich mich auf intensive und intensivste Gefühle einfühlsam einlassen und zugleich gut in meiner eigenen emotionalen Mitte bleiben, mich damit auf eine klare und doch wohlwollende Weise abgrenzen?
- Will und kann ich aushalten, dass ich angesichts des Todes zunächst nichts tun kann? Kann ich also mit den eigenen Gefühlen der Machtlosigkeit und Ohnmacht umgehen?
- Kenne ich meine eigenen Verlusterfahrungen und habe ich diese ausreichend reflektiert und integriert?
- Kenne ich ausreichend gut meine eigenen Strategien, mit Abschied, Sterben und Tod und meinen diesbezüglichen Begrenztheiten umzugehen?
- Habe ich ausreichend meine eigene spirituell-weltanschauliche Position geklärt und bin ich darin so gefestigt, dass ich auch davon abweichende Haltungen gut akzeptieren und als Ressourcen für den Betroffenen nutzen kann?

Take-Home-Message

Zusammenfassend kann man sich in Bezug auf die notwendigen Traueraufgaben mit Chris Paul (2012) an dem amerikanischen Psychologen William Worden orientieren:

»1. Aufgabe: Die Wirklichkeit des Verlusts annehmen
2. Aufgabe: Alle Gefühle, die mit dem Verlust verbunden sind, durchleben und ausdrücken
3. Aufgabe: Sich an eine Umgebung anpassen, in der die oder der Tote fehlt
4. Aufgabe: Der oder dem Toten einen neuen Platz zuweisen und weiterleben« (S.16).

9 Krisenberatung online

Mediale Lebenswelten haben sich heute in einer großen Vielfalt ausdifferenziert. Auch für Ratsuchende ist der Umgang mit internetbasierten Kommunikationsmedien zum Alltag geworden. Im Zeitalter von Individualisierung und Flexibilisierung ist es inzwischen eine Selbstverständlichkeit, Beratungsangebote, die sowohl orts- als auch zeitungebunden sind, zu nutzen. Vor allem die Möglichkeit, schriftbasiert per Mail[1] oder Chat seine Problem- und Krisensituation darzustellen, bietet viele Vorteile (Eichenberg u. Kühne, 2014; Engelhardt, 2018; Knatz u. Dodier, 2003; Knaevelsrud, Wagner u. Böttche, 2016):

- *Onlineberatung erleichtert eine offene Problemkommunikation:* Die Ratsuchenden können den Grad der Anonymität selbst wählen und verfügen in der Gestaltung des Beratungsprozesses deshalb über mehr Autonomie als in einer Face-to-Face-Beratung. Dies erleichtert vor allem die Kommunikation von schambesetzten Themen, da Klientinnen hier im wahrsten Sinn des Wortes ihr Gesicht wahren können.
- *Onlineberatung ermöglicht vertiefte Verstehensprozesse:* Da die gesamte Beratung schriftlich zur Verfügung steht, sind die Aussagen der Berater dauerhaft verfügbar und können wiederholt gelesen werden. Es entsteht also eine schriftbasierte Nachhaltigkeit, die idealerweise Verstehensprozesse fördert und die Wahrscheinlichkeit einer Umsetzung dieses vertieften Verstehens in den Lebensalltag erhöht. Vor allem in Krisenzeiten wirken Mails

---

1 Mit Mail ist die verschlüsselte, webbasierte Variante, wie in der Onlineberatung üblich, gemeint. E-Mail bezeichnet die ungesicherte Kommunikation über einen Account.

und Chatprotokolle wie Übergangsobjekte und tragen so zu einer Stabilisierung bei. Die Mail-Antwort des Beraters kann zudem in den oftmals als kritisch erlebten Nachtstunden durchgelesen und dadurch die Beratungsbeziehung aktualisiert werden. Gemeinsam erarbeitete Skills stehen im Krisenfall handlungsanleitend zur Verfügung. Schreiben und Lesen können im Falle einer Mailberatung zeit- und ortsunabhängig erfolgen.

- *Onlineberatung ermöglicht im Krisenfall Problemdistanzierungen:* In der Mailberatung ist es notwendig, in einer Interaktion mit sich selbst, das eigene Problem zu verschriftlichen. Klienten begeben sich damit automatisch in einen Erzählmodus und nehmen dadurch eine exzentrische Position ein. Dies ermöglicht ihnen, sich vom Erlebten emotional zu distanzieren und durch den Schreibprozess erste Ordnungsstrukturen im Krisenchaos wiederzuerlangen. Schreiben an sich bietet also durch Externalisierungen psychische Entlastung.
- *Onlineberatung fördert Kreativität:* Die Förderung des kreativen (Selbst-)Ausdrucks ist Bestandteil vieler Beratungsansätze. Sie dient der Aktivierung kreativer Potenziale, die eine Weitung krisenhafter Verengungen ermöglicht. Die Verschriftlichung der eigenen Problemlage ist an sich bereits eine Form des kreativen (Selbst-)Ausdrucks und kann zusätzlich durch Methoden aus der Schreib- und Poesietherapie unterstützt werden.

Knaevelsrud et. al. (2016) sehen aufgrund der aktuellen Forschungslage keinen systematischen Wirksamkeitsunterschied zwischen einer konventionellen Face-to-Face-Intervention und einer entsprechenden Online-Intervention.

Schriftbasierte Beratung bringt aber auch einige Probleme mit sich. Gestik und Mimik, die eine wichtige Funktion zur Überprüfung der emotionalen Gestimmtheit und zum Erkennen unbewusster Regungen erfüllen, fallen weg. Emoticons sind im Vergleich dazu nicht differenziert genug. Dadurch steigt die Gefahr von Missverständnissen. In der schriftlichen Beratung ist eine nonverbale Verstärkung seitens der Beraterin nicht möglich, generell sind die Rückmeldemöglichkeiten eingeschränkt. In der Mail-Beratung ist keine unmittelbare Reaktion möglich, wodurch es im Krisenfall schwerer wird, die Gefahr zu beherrschen. Die quantitative Informationsmenge gegenüber einer Face-to-Face-Beratung ist verringert. Manche Inhalte sind für eine schriftliche Kommunikation zu kompliziert.

Weinhardt (2010) sieht den Mehrwert der Onlineberatung vor allem in ihrer stabilisierenden Funktion in Krisensituationen. Ein akutes Krisengeschehen tritt oft schnell und unvorhergesehen ein. Eine Online-Krisenberatung bietet in diesem Fall einen niederschwelligen Zugang und im Fall der Mailberatung auch die Möglichkeit einer asynchronen Kommunikation mit einer virtuellen Erreichbarkeit rund um die Uhr. Ziel ist es, eine vorübergehende Stabilisierung zu erreichen, bis weiterführende Hilfsangebote aktiviert werden können. Onlineberatung verfügt in der Zwischenzeit über eine sehr ausdifferenzierte Palette an Interventionsmöglichkeiten, die dem Krisenanlass entsprechend eingesetzt werden können (Engelhardt, 2018; Hintenberger, 2019; Risau, 2010).

Praxisbeispiel

In einer Beratungsstelle, in der auch Onlineberatung angeboten wird, meldet sich eine junge Klientin, die bei einem Autounfall ihren Lebenspartner verloren hat. Sie selbst wurde als Beifahrerin nur leicht verletzt. Ein anderer Verkehrsteilnehmer missachtete eine Vorfahrt und krachte mit seinem Auto in die Fahrerseite. Die Klientin brach eine psychotherapeutische Behandlung nach drei Sitzungen ab, da es ihr nicht möglich war, in Anwesenheit einer Therapeutin über ihre momentane Situation zu sprechen. Der kurze Ausschnitt aus dem E-Maildialog belegt, dass es der Klientin leichter fällt, in ihrem eigenen Tempo und ungestört im Schutz ihres Zimmers ihr inneres Erleben zu schildern. Die Mails wurden oft in den frühen Morgenstunden geschrieben, zu einer Zeit als noch alle Beratungsstellen und Praxen geschlossen waren. Der Berater versuchte vor allem, der Einengung durch suizidale Tendenzen Erzähl- und Verstehensräume entgegenzustellen.

Ratsuchende: *»heute war so ein schöner tag irgendwie so viele dinge die man so hat hatten sich geklärt, es war ein schöner herbsttag,* *mit viel sonne, viel blätter einfach ein schöner herbsttag so ein tag wo ich mir gedacht habe, so mag ich eigentlich sterben ... genau an so einem tag. Nach all dem was in letzter zeit so passiert ist war das so entspannend so schön so sollte es immer sein, so ruhig ...*

Berater: Beim Lesen Ihrer Mail dachte ich mir zuerst: Es scheint sich gerade etwas zu verändern. Sie sehen alles ein wenig gelassener ...

Als ich mir die Mail dann ein zweites Mal durchgelesen habe, ja, da habe ich mich dann gefragt, ob es sich vielleicht auch um eine Ruhe nach einem Sturm handeln könnte. Wenn ich meinen Gedanken folge, dann komme ich zu dem Punkt, hm, wie sage ich das am besten, ja wo sich in mir die Frage aufdrängt, ob Sie sich mit Suizidgedanken beschäftigen? Ob Ihre Sehnsucht nach Schlaf und Ruhe so groß geworden sind, dass Sie mit dem Gedanken spielen, sich das Leben zu nehmen, um Ihrem geliebten Lebensgefährten nachzufolgen?

Möchten Sie mir erzählen, was Sie gerade beschäftigt? Ich höre Ihnen gerne zu. Und ich höre Ihnen auch gerne zu, wenn Sie über Ihre Anstrengungen und Ihre Müdigkeit dem Leben gegenüber schreiben möchten und vielleicht auch darüber, was für ein besonderer Mensch Ihr Lebensgefährte für Sie war.«

Exemplarisch werden abschließend vier Einrichtungen vorgestellt, die eine Online-Krisenberatung anbieten. Voraussetzung für jede Form der Onlineberatung im institutionellen Kontext ist
- eine transparente Beschreibung von Qualitätsmerkmalen und nutzerbezogenen Rahmenbedingungen (Antwortzeiten, Verschwiegenheit, Beschwerdemanagement, Beziehungskontinuität etc.),
- die Einhaltung des Datenschutzes sowie ein ausgearbeitetes Konzept zur Datensicherheit (Verpflichtung zur Verschlüsselung etc.),
- eine ausreichende Qualifikation der Onlineberaterinnen (spezielle Zusatzqualifikationen, Supervision etc.).

Das Kriseninterventionszentrum Wien

Die Ursprünge des Kriseninterventionszentrums reichen bis in das Jahr 1948 und sind untrennbar mit dem Namen Erwin Ringel ver-

bunden. Neben den klassischen Formen der Krisenintervention wird seit einigen Jahren auch eine Onlinehilfe in Form einer Mail-Beratung angeboten. Die Beratung erfolgt schriftlich über ein datensicheres webbasiertes Onlinesystem und wird kostenlos, vertraulich und mit der Möglichkeit zur Anonymität angeboten. Möglich ist auch ein Medienwechsel zu einer Telefon- oder Face-to-Face-Beratung.
Website: https://kriseninterventionszentrum.beranet.info/

[U25] Deutschland
An zehn Standorten in Deutschland bieten mehr als 200 Peerberaterinnen Onlineberatung für suizidale Jugendliche (bis zu einem Alter von 25 Jahren) an. Das Besondere an diesem Angebot ist die Tatsache, dass die Berater ehrenamtlich tätige Jugendliche und junge Erwachsene sind, die von professionellen, hauptamtlichen Mitarbeiterinnen ausgebildet und regelmäßig fachlich begleitet werden.
Website: https://www.u25-deutschland.de/

Telefonseelsorge
Die Telefonseelsorge zählt zu den Pionieren der Onlineberatung im deutschsprachigen Raum. Dies verwundert nicht, da mit dem Telefon schon zu einem sehr frühen Zeitpunkt ein technisches Kommunikationsmittel für Beratungszwecke eingesetzt wurde und es nur folgerichtig war, mit der Entwicklung neuer Medien diese miteinzubeziehen. Die Telefonseelsorge bietet Mail- und Chatberatung rund um die Uhr an. Das Team setzt sich aus speziell für die Onlineberatung ausgebildeten, ehrenamtlichen Beraterinnen zusammen, die sich einer regelmäßigen Supervision unterziehen.
Website: https://onlineberatung-telefonseelsorge.at
https://online.telefonseelsorge.de/
https://telefonseelsorge-online.bz.it/
https://www.143.ch/

Hilfetelefon »Gewalt gegen Frauen«
Das bundesweite Hilfetelefon »Gewalt gegen Frauen« wurde beim deutschen Bundesamt für Familie und zivilgesellschaftliche Aufgaben eingerichtet. Das Angebot richtet sich an Frauen, die Ge-

walt erlebt haben und umfasst neben der Telefonberatung auch die Möglichkeit per Mail und Chat zu kommunizieren. Zwischen 12:00 und 20:00 Uhr ist zudem täglich ein Sofort-Chat verfügbar.

Website: https://www.hilfetelefon.de/das-hilfetelefon/beratung/online-beratung.html

Take-Home-Message

Onlineberatung unterstützt Menschen in Krisen durch die Möglichkeit, die eigene Problemlage schriftlich und anonym darzustellen. Sie fördert im Krisenfall Problemdistanzierungen, da durch den Schreibprozess eine exzentrische Position eingenommen werden muss und dadurch automatisch eine Problemdistanzierung erfolgt. Schriftbasierte Onlineberatung ist ortsunabhängig sowie im Fall der Mail-Beratung unabhängig von den Öffnungszeiten einer Beratungsstelle oder einer Praxis.

10 Selbstfürsorge und Psychohygiene

Die Übernahme von Klientinnen, die sich in Krisen oder Trauerprozessen befinden, bedeutet für Helfer eine über die Norm hinausgehende psychoemotionale Belastungssituation. Diese ergibt sich unter anderem aus der krisenimmanenten Notwendigkeit, in der Beziehung zum Klienten allgemein ein höheres Maß an Verantwortung zu übernehmen, und verbindet sich mit der spezifischen Sorge, ob man in der Lage ist, eine mögliche Suizidalität richtig einzuschätzen und damit das Worst-Case-Szenario, den Suizid des Betroffenen, zu verhindern. Die erhöhte Belastung entsteht für die Berater auch durch einen oft weitgehend unbemerkten und dennoch ausgeprägten Empathiestress in Verbindung mit der Gefahr einer sogenannten Sekundärtraumatisierung (siehe auch Lemke, 2008). Starken bis heftigen Gefühlen, vor allem Angst- und Panikgefühlen wohnt ein großes Ansteckungspotenzial als natürliches zwischenleibliches Resonanzphänomen inne.

Im Kontext von Krisenintervention ist es daher besonders wichtig, eine gute Balance zwischen folgenden Positionen zu finden:
- *Empathisches Verständnis:* »Ich bin in dieser schwierigen Situation ganz bei Ihnen.«
- *Ausreichende Zentriertheit:* »Ich kann Ihr Leiden nachvollziehen, aber es bleibt Ihr Leiden. Trotz Berührtheit bleibe ich, so gut es geht, gelassen in meiner Mitte.«
- *Exzentrische Reflektiertheit:* »Was genau spielt sich auf welchen Ebenen gerade wie ab und was kann auf welcher Ebene unmittelbar helfen, vorerst Zeit zu gewinnen und die aufgewühlte Situation zu beruhigen?«

Hinlängliche Selbstfürsorge von professionellen Helferinnen, die mit Menschen in Krisensituationen arbeiten, umfasst daher einige zu beachtende Aspekte vor der Übernahme von Klientinnen in Krisen. So muss der Therapeut für sich ausreichend klären, ob
- dies seine gegenwärtigen zeitlichen Ressourcen zulassen,
- er derzeit über eine ausreichende allgemeine psychoemotionale Belastbarkeit und
- er auch über eine solch ausreichende spezifische Belastbarkeit verfügt.

Zudem sollten Therapeuten und Beraterinnen reflektieren, inwieweit sie mit dem spezifischen Krisenthema derzeit ausreichend gut arbeiten können oder ob das spezifische Trigger-Potenzial für sie unter Umständen zu groß ist. Ein Therapeut, der selbst gerade einen Trauerprozess durchmacht, sollte nicht unbedingt Trauerbegleitung anbieten und eine Beraterin in einer Scheidungssituation sollte vielleicht keinen schwierigen Paarkonflikt übernehmen.

In diesen Situationen geht es in erster Linie darum, sich als Therapeut immer wieder selbst ausreichend zu zentrieren. Dies kann zum Beispiel über Mini-Achtsamkeitseinheiten von Atem- und Grounding-Übungen erfolgen. Auch kognitive Prozesse, die bewusst machen, dass Klientinnen in ihren Schwierigkeiten begleitet werden, diese Schwierigkeiten ihnen aber nicht abgenommen werden können, helfen dabei, in der eigenen Mitte zu bleiben. Die bewusste Unterscheidung zwischen Empathie und Mitgefühl ist eine weitere Möglichkeit, als Helfer chronische Überforderungsphänomene zu vermeiden. Tania Singer und Olga Klimecki (2014) vom Max-Planck-Institut für Kognitions- und Neurowissenschaften in Leipzig konnten nachweisen, dass die Entwicklung von Mitgefühl als aktiver Prozess mit positiven Emotionen verbunden ist. Empathie hingegen wird als passives Resonanzphänomen verstanden, wodurch das Leiden Anderer emotional ungefiltert nachempfunden und als Stress erlebt wird (Ricard, Lutz u. Davidson, 2015).

Die Kenntnis möglicher problematischer Reaktionen seitens der Helfer sowie möglicher Fallstricke in einem so hochemotionalen

Geschehen helfen zusätzlich, die notwendige Exzentrizität zu bewahren. Die folgenden beiden Zusammenfassungen dienen dazu, für diese Phänomene weiter zu sensibilisieren.

Zu möglichen problematischen Reaktionen seitens der Therapeutinnen und Berater gehören ausgeprägte Gefühle von Hilflosigkeit, Entsetzen und Panik als

- normales Resonanzphänomen (Empathiestress) bzw. als konkordante Gegenübertragungsreaktion,
- Folge komplementärer Gegenübertragungsreaktionen: Der Patient geht weitgehend unbewusst in die Täterposition und drängt den Therapeuten in die Opferrolle. Er lässt ihn damit unbewusst spüren, wie er sich selbst als Opfer gefühlt hat.
- Folge der Aktualisierung eigener unzureichend integrierter Traumaschemata.
- Folge der Erschütterung des eigenen Selbst- und Weltverständnisses, z. B. als Erschütterung eigener Unsterblichkeits- und Unverwundbarkeitsillusionen.
- überschießende Gefühle wie Zorn und Wut auf die Täter, auf eine Gesellschaft, die ihre Bürger nicht besser zu schützen vermag, auf das Schicksal, auf Gott und manchmal vielleicht sogar auf das Opfer selbst, das für den Empathiestress des Helfers verantwortlich gemacht wird.

Auch Schuldgefühle können Helferinnen quälen als

- unbewusstes Schuldgefühl, nicht rechtzeitig geholfen zu haben oder nicht rechtzeitig zur Stelle gewesen zu sein.
- konkordante Gegenübertragungsreaktion bei oft unbewussten Schuldgefühlen des Klienten.
- Schuldgefühl, wenn die angebotene Krisenintervention beim Betroffenen nicht schnell genug greift.

Alle diese beschriebenen Reaktionen können noch zusätzlich von somatischen Phänomenen als Gegenübertragungsreaktion seitens des Therapeuten begleitet sein. Es ist allerdings auch möglich, dass diese psychosomatischen Reaktionen vordergründig und weitgehend für sich allein auftreten, z. B. als Schmerzsymptome unterschiedlicher Art, als Übelkeit, als Erschöpfungsempfinden etc.

Mögliche Fallen für Berater und Ärztinnen in der Krisenintervention können diese sein:
- *Überidentifizierung* als Aktivierung alter Ersatzpartnerschaftsschemata oder im Rahmen eines Helfersyndroms,
- *überzogene eigene Ansprüche,*
- *Opferbeschuldigung:* »Wie konnten Sie sich denn auch nur so ungeschickt verhalten?«;
- *Neutralitätshaltung* aus Abwehrgründen oder falsch verstandener Abstinenz.

Die Selbstfürsorge als Nachsorge und Psychohygiene betrifft die Zeit nach anstrengenden oder belastenden Einheiten. Selbstfürsorge bedeutet in diesem Zusammenhang, zu überlegen, wie Therapeutinnen und Berater wieder gut in ihre Mitte finden und ausreichend neue Kräfte aufbauen können. Im Folgenden werden dafür einige Anregungen gegeben. Wer sich mit dieser Problematik genauer auseinandersetzen möchte, sei auf »Selbstfürsorge für Therapeuten und Berater« von Nicolas Hoffmann und Birgit Hofmann (2008) sowie auf »Lassen Sie es in Ihrer Praxis. Wie Psychotherapeuten für sich selbst sorgen können« von John C. Norcross und James D. Guy (2010) verwiesen.

Mögliche hilfreiche Haltungen und Tätigkeiten für Professionals, um wieder gut in die eigene Mitte und neue Kräfte zu finden:
- *Eigenleibliches Spüren ernst nehmen und ausreichend für Regenerationszeiten und Regenerationsmöglichkeiten sorgen:* Ernährung, Schlaf, Bewegung, kreative Tätigkeiten, Natur, Achtsamkeitsübungen.
- *Rituale pflegen,* um belastende Szenen loszulassen: Duschen, Laufen, Sich-Abschütteln, Sich-Abstreifen, Sich-Abklopfen, Zentrierung auf das gute Ausatmen etc.
- Immer wieder die *Verantwortlichkeiten* klären und Abstand zu unrealistischen Zielen nehmen.

- Ausreichend *Supervision* und *Intervision* in Anspruch nehmen.
- Ausreichend eigene wohltuende *soziale Kontakte* pflegen.
- Das *Prinzip Achtsamkeit* in den Alltag integrieren (Hofer-Moser, 2018):
  - Mit allen Sinnen gegenwärtig sein.
  - Mit Hingabe das tun, was gerade zu tun ist.
  - Mit Offenheit als Modus der Neugier und des Staunens den gegenwärtigen Phänomenen begegnen.
  - In einer radikalen Akzeptanz die Dinge so annehmen, wie sie gerade sind.
  - Bedachtsam handeln ohne große Erwartungshaltung, im Wissen, dass fast alle Dinge ihre Zeit brauchen, um sich zu entwickeln und um zu reifen: »Das Gras wächst nicht schneller, wenn man daran zieht.«
- *Reflexionen* über das eigene Leben, die auch eine Auseinandersetzung mit Weisheitslehren beinhalten können (Dorfer, 2011; Wollschläger, 2011; Brunner, 2013).

> **Take-Home-Message**
>
> Durch die Arbeit mit krisenbelasteten Menschen steigt für professionelle Helfer die Gefahr eines Empathiestresses sowie einer Sekundärtraumatisierung. Im Sinne einer guten Selbstfürsorge ist es in der Beratungssituation deshalb notwendig, eine ausgewogene Balance zwischen empathischem Verständnis, ausreichender Zentriertheit und exzentrischer Reflektiertheit, gegebenenfalls mit Hilfe von Supervision, herzustellen. Professionelle Krisenhelferinnen müssen zudem ausreichend individuelle Ressourcen nutzen bzw. neue entwickeln, um Burnout-Entwicklungen und Phänomenen wie einer Mitgefühlserschöpfung aktiv entgegenzuwirken.

Literatur

American Psychiatric Association (2018). Diagnostisches und Statistisches Manual Psychischer Störungen DSM-5®. Deutsche Ausgabe herausgegeben von P. Falkai und H.-U. Wittchen, mitherausgegeben von M. Döpfner, W. Gaebel, W. Maier, W. Rief, H. Saß und M. Zaudig (2., korrigierte Auflage). Göttingen: Hogrefe.

Andreatta, P., Unterluggauer, K. (2012). Schuld, Schuldgefühle und Suizidalität infolge von Schuld. In B. Juen, D. Kratzer (Hrsg.), Krisenintervention und Notfallpsychologie. Ein Handbuch für KriseninterventionsmitarbeiterInnen und psychosoziale Fachkräfte (S. 197–215). Innsbruck: Studia Universitätsverlag.

Baer, U., Frick-Baer, G. (2008). Vom Trauern und Loslassen. Weinheim: Beltz.

Bandelow, B. (2004). Das Angstbuch. Woher Ängste kommen und wie man sie bekämpfen kann. Reinbek: Rowohlt.

Bohne, M. (2010). Bitte klopfen! Anleitung zur emotionalen Selbsthilfe. Heidelberg: Carl-Auer.

Bonanno, G.A. (2012). Die andere Seite der Trauer. Verlustschmerz und Trauma aus eigener Kraft überwinden. Bielefeld: Edition Sirius.

Bronisch, T. (2004). Krisenintervention bei Suizidalität. In A. Riecher-Rössler, P. Berger, A.T. Yilmaz, R.-D. Stieglitz (Hrsg.), Psychiatrisch-psychotherapeutische Krisenintervention: Grundlagen, Techniken und Anwendungsgebiete (S. 80–90). Göttingen: Hogrefe.

Brunner, F. (2013). Soll man über Weisheit sprechen? – Eine Untersuchung über mögliche Vorteile einer expliziten Verwendung des Weisheitsbegriffes in der Praxis der integrativen Therapie. Masterthesis Donau-Universität Krems, Krems.

Caplan, G. (1964). Principles of preventive psychiatry. New York/London: Basic Books.

Croos-Müller, C. (2013). Nur Mut! Das kleine Überlebensbuch. Soforthilfe bei Herzklopfen, Angst, Panik & Co. (3. Aufl.). München: Kösel.

Cullberg, J. (1978). Krisen und Krisentherapie. Psychiatrische Praxis, 5, 25–34.

Dick, G., Dick-Ramsauer, U. (1996). Erste Hilfe in der Psychotherapie. Wien: Springer.

Diegelmann, C. (2007). Trauma und Krise bewältigen. Psychotherapie mit TRUST (Techniken ressourcenfokussierter und symbolhafter Traumabearbeitung). Stuttgart: Klett-Cotta.

Diegelmann, C., Isermann, M. (2015). Kraft in der Krise. Ressourcen gegen die Angst (3. Aufl.). Stuttgart: Klett-Cotta.

Dilling, H., Freyberger, H. J. (Hrsg.) (2016). Taschenführer zur ICD-10-Klassifikation psychischer Störungen. Nach dem Pocket Guide von J. E. Cooper (8., überarb. Aufl. entsprechend ICD-10-GM). Bern: Hogrefe.

Dorfer, M. M. (2011). Die Stoa. Eine moderne Lebensphilosophie. Wege zu einem geglückten und guten Leben. Graz: Lebensgeschenke Verlag.

Dörner, K. (1991). Krisenintervention bei suizidgefährdeten Personen. Wege zum Menschen, 43, 288–293.

Eichenberg, C., Kühne, S. (2014). Einführung Onlineberatung und -therapie. Grundlagen, Interventionen und Effekte digitaler Medien. München: E. Reinhardt.

Engelhardt, E. M. (2018). Lehrbuch Onlineberatung. Göttingen: Vandenhoeck & Ruprecht.

Fischer, G. (2008). Neue Wege aus dem Trauma. Erste Hilfe bei schweren seelischen Belastungen. Düsseldorf: Patmos.

Fischer, G., Riedesser, P. (2009). Lehrbuch der Psychotraumatologie (4., aktualisierte und erweiterte Aufl.). München/Basel: E. Reinhardt.

Freud, S. (1916/1967). Trauer und Melancholie. GW X (S. 428–446). Frankfurt a. M.: Fischer.

Gahleitner, S. B., Scheuermann, U., Ortiz-Müller, W. (2012). Lebenskrisen und Lebensübergänge managen – von der Theorie zur Praxis. In S. B. Gahleitner, G. Hahn (Hrsg.), Übergänge gestalten, Lebenskrisen begleiten (S. 80–96.). Bonn: Psychiatrie Verlag.

Gahleitner, S. B., Hintenberger, G., Jobst, A., Kreiner, B. (2014). Biopsychosoziale Diagnostik: Wie geht denn das konkret? Plädoyer für ein »integratives diagnostisches Verstehen«. Resonanzen. E-Journal für biopsychosoziale Dialoge in Psychotherapie, Supervision und Beratung, 2 (2), 134–152. Zugriff am 18.10.2018 unter http://www.resonanzen-journal.org/article/view/336

Heinrichs, N., Alpers, G. W., Gerlach, A. L. (2009). Evidenzbasierte Leitlinie zur Psychotherapie der Panikstörung und Agoraphobie. Göttingen: Hogrefe.

Hintenberger, G. (2019). Prozessmodelle für die schriftbasierte Onlineberatung. e-beratungsjournal.net – Zeitschrift für Online-Beratung und computervermittelte Kommunikation, 15 (1), 26–37. Zugriff am 07.07.2019 unter http://www.e-beratungsjournal.net/wp-content/uploads/2019/03/hintenberger_2019_01.pdf

Hobfoll, S., Watson, P., Bell, C., Bryant, R., Brymer, M., Friedman, M., Friedman, M., Gersons, B., de Jong, J., Layne, C., Maguen, S., Neria, Y., Norwood, A., Pynoos, R., Reissman, D., Ruzek, J., Shalev, A., Solomon, Z., Steinberg, A., Ursano, R. (2007). Five essential elements of immediate und mid-term mass trauma intervention: Empirical evidence. Psychiatry, 70 (4), 207–218.

Hofer-Moser, O. (2010). Neurobiologische Erkundungen für den Praxisalltag. Master-Thesis, Donauuniversität Krems, Krems.

Hofer-Moser, O. (2018). Leibtherapie. Eine neue Perspektive auf Körper und Seele. Gießen: Psychosozial-Verlag.

Hoffmann, N., Hofmann, B. (2008). Selbstfürsorge für Therapeuten und Berater. Basel: Beltz.

Hofmann, L., Heise, P. (Hrsg.) (2017). Spiritualität und spirituelle Krisen. Handbuch zu Theorie, Forschung und Praxis. Stuttgart: Schattauer.

Höhmann-Kost, A. (Hrsg.) (2018). Integrative Leib- und Bewegungstherapie (IBT). Theorie und Praxis (3., aktual. und erw. Aufl.). Bern: Hogrefe.

Juen, B. (2012). Trauer. In B. Juen, D. Kratzer (Hrsg.), Krisenintervention und Notfallpsychologie. Ein Handbuch für KriseninterventionsmitarbeiterInnen und psychosoziale Fachkräfte (S. 17–26). Innsbruck: Studia Universitätsverlag.

Juen, B., Kratzer, D., Beck, T. (2012). Grundlagen der Gesprächsführung in der Krisenintervention. In B. Juen, D. Kratzer (Hrsg.), Krisenintervention und Notfallpsychologie. Ein Handbuch für KriseninterventionsmitarbeiterInnen und psychosoziale Fachkräfte (S. 47–65). Innsbruck: Studia Universitätsverlag.

Juen, B., Siller, H. (2014). Psychosoziale Akutintervention unter Berücksichtigung zentraler Elemente der Wirksamkeit. In C. Höfner, F. Holzhauser (Hrsg.), Freiwilligenarbeit in der Krisenintervention. Entwicklung, Bedeutung, Grenzen (S. 38–52). Wien: Facultas.

Kachler, R. (2009). Meine Trauer geht – und du bleibst. Wie Trauer beendet werden kann. Stuttgart: Kreuz.

Kachler, R. (2011). Was bei Trauer gut tut. Hilfen für schwere Stunden (2. Aufl.). Freiburg i. Br.: Kreuz.

Kachler, R. (2014). Hypnosystemische Trauerbegleitung. Ein Leitfaden für die Praxis (3. Aufl.). Heidelberg. Carl-Auer.

Keupp, H. (2010). Die Normalität der Krise oder die Krise der Normalität – Krisenpotenziale im globalisierten Netzwerkkapitalismus. In W. Ortiz-Müller, U. Scheuermann, S. B. Gahleitner (Hrsg.), Praxis Krisenintervention: Handbuch für helfende Berufe: Psychologen, Ärzte, Sozialpädagogen, Pflege- und Rettungskräfte (2., überarbeitete Aufl., S. 23–35). Stuttgart: Kohlhammer.

Kheirbek, M., Hen, R. (2015). Zu viel Gespür für Gefahr. Gehirn und Geist, 13 (10), 48–53.

Kind, J. (2011). Suizidal. Die Psychoökonomie einer Suche (5. Aufl.). Göttingen: Vandenhoeck & Ruprecht.

Knaevelsrud, C., Wagner, B., Böttche, M. (2016). Online-Therapie und -Beratung: Ein Praxisleitfaden zur onlinebasierten Behandlung von psychischen Störungen. Göttingen: Hogrefe.

Knatz, B., Dodier, B. (2003). Hilfe aus dem Netz. Theorie und Praxis der Beratung per E-Mail. Stuttgart: Klett-Cotta.

Kratzer, D. (2012). Suizidalität. In B. Juen, D. Kratzer (Hrsg.), Krisenintervention und Notfallpsychologie. Ein Handbuch für KriseninterventionsmitarbeiterInnen und psychosoziale Fachkräfte (S. 121–149). Innsbruck: Studia Universitätsverlag.

Lang, T., Helbig-Lang, S., Westphal, D., Gloster, A. T., Wittchen, H.-U. (2012). Expositionsbasierte Therapie der Panikstörung mit Agoraphobie. Göttingen: Hogrefe.

Langewitz, W. (2012). Funktionelle Störungen – somatoforme Störungen. In R. H. Adler, W. Herzog, P. Joraschky, K. Köhle, W. Langewitz, W. Söllner, W. Wesiak (Hrsg.), Uexküll. Psychosomatische Medizin. Theoretische Modelle und klinische Praxis (7. Aufl., S. 739–775). München: Urban & Fischer.

Lasogga, F., Gasch, B. (2011). Definitionen. In F. Lasogga, B. Gasch (Hrsg.), Notfallpsychologie. Lehrbuch für die Praxis (2., überarbeitete Aufl., S. 19–28). Heidelberg: Springer.

Lemke, J. (2008). Sekundäre Traumatisierung. Klärung von Begriffen und Konzepten der Mittraumatisierung (2. Aufl.). Kröning: Asanger.

Lown, B. (2004). Die verlorene Kunst des Heilens. Anleitung zum Umdenken. Stuttgart: Schattauer.

Münker-Kramer, E., Rost, C. (2016). Bewährte Techniken im EMDR. In C. Rost (Hrsg.), EMDR zwischen Struktur und Kreativität. Bewährte Abläufe und neue Entwicklungen (S. 129–141). Paderborn: Junfermann.

Norcross, J. C., Guy, J. D. (2010). Lassen Sie es in Ihrer Praxis. Wie Psychotherapeuten für sich selbst sorgen können. Bern: Huber.

Ortiz-Müller, W. (2010). Theorie für die Praxis – Vom fraglichen Nutzen der Krisenmodelle. In W. Ortiz-Müller, U. Scheuermann, S. B. Gahleitner (Hrsg.), Praxis Krisenintervention: Handbuch für helfende Berufe: Psychologen, Ärzte, Sozialpädagogen, Pflege- und Rettungskräfte (2., überarbeitete Aufl., S. 64–76). Stuttgart: Kohlhammer.

Paul, C. (2012). Wie kann ich mit meiner Trauer leben? Ein Begleitbuch (4. Aufl.). Gütersloh: Gütersloher Verlagshaus.

Petzold, H. G. (1975). Ein Kriseninterventionsseminar – Techniken beziehungsgestützter Krisenintervention. Zugriff am 20.06.2019 unter https://www.fpi-publikation.de/images/stories/downloads/textarchiv-petzold/pdf_petzold_1975m-kriseninterventionsseminar_-techniken_beziehungsgesttzter_kriseninterventio.pdf

Petzold, H. G. (2003). Integrative Therapie. Modelle, Theorien & Methoden einer schulenübergreifenden Psychotherapie. Band 2: Klinische Theorie (2., überarbeitete u. erweiterte Aufl.). Paderborn: Junfermann.

Petzold, H. G. (2004). Trauer: Integrative Traumatherapie und »Trostarbeit« – ein nicht exponierender, leibtherapeutisch und lebenssinnorientierter Ansatz risikobewusster Behandlung. Zugriff am 20.06.2019 unter https://www.fpi-publikation.de/images/stories/downloads/polyloge/Petzold-Trauma-Trost-Polyloge-03-2004.pdf

Petzold, H. G. (2012). Transversale Identität und Identitätsarbeit. In H. G. Petzold (Hrsg.), Identität. Ein Kernthema moderner Psychotherapie. Interdisziplinäre Perspektiven (S. 407–604). Wiesbaden: VS.

Petzold, H. G., van Wijnen, H. (2010). Stress, Burnout, Krisen – Materialien für supervisorische Unterstützung und Krisenintervention. Zugriff am 20.06.2019 unter https://www.fpi-publikation.de/download/11156/

Petzold, H. G., Ellerbrock, B., Hömberg, R. (Hrsg.) (2019). Die neuen Naturtherapien. Handbuch der Garten-, Landschafts-, Wald- und Tiergestützten Therapie. Bielefeld: Aisthesis.

Pöldinger, W. (1968). Die Abschätzung der Suizidalität: Eine medizinisch-psychologische und medizinisch-soziologische Studie. Bern/Stuttgart: Huber.

Pöldinger, W. (1982). Erkennung und Beurteilung der Suizidalität. In C. Reimer (Hrsg.), Suizid: Ergebnisse und Therapie (S. 13–23). Berlin: Springer.

Rahm, D., Otte, H., Bosse, S., Ruhe-Hollenbach, H. (1993). Einführung in die Integrative Therapie. Grundlagen und Praxis. Paderborn: Junfermann.

Reddemann, L. (2004). Eine Reise von 1000 Meilen beginnt mit dem ersten Schritt. Seelische Kräfte entwickeln und fördern. Freiburg: Herder.

Reddemann, L. (2016). Imagination als heilsame Kraft. Ressourcen und Mitgefühl in der Behandlung von Traumafolgen (19., vollständig überarbeitete Aufl.). Stuttgart: Klett-Cotta.

Reddemann, L., Dehner-Rau, C. (2013). Trauma heilen. Ein Übungsbuch für Körper und Seele (4., vollständig überarbeitete Aufl.). Stuttgart: Trias.

Reichel, R. (2018). Vom Sinn des Sterbens. Gedanken und Anregungen für den Umgang mit Sterben und mit Sterbenwollen. Wien: Facultas.

Ricard, M., Lutz, A., Davidson, R. J. (2015). Drei Wege zum Nirwana. Gehirn und Geist, 13 (5), 40–46.

Ringel, E. (1953). Der Selbstmord. Abschluß einer krankhaften Entwicklung. Wien/Düsseldorf: Maudrich.

Ringel, E. (1969). Selbstmordverhütung. Bern: Hans Huber.

Risau, P. (2010). Gut beraten im Internet? – Chancen und Grenzen der Online-Beratung von Opfern sexualisierter Gewalt. In W. Ortiz-Müller, U. Scheuermann, S. B. Gahleitner (Hrsg.), Praxis Krisenintervention. Handbuch für helfende Berufe: Psychologen, Ärzte, Sozialpädagogen, Pflege- und Rettungskräfte (S. 330–339). Stuttgart: Kohlhammer.

Rost, C. (2008a). Position of Power. In C. Rost (Hrsg.), Ressourcenarbeit mit EMDR. Vom Überleben zum Leben (S. 31–38). Paderborn: Junfermann.

Rost, C. (2008b). CIPOS – Constant Installation of Present Orientation and Safety. In C. Rost (Hrsg.), Ressourcenarbeit mit EMDR. Vom Überleben zum Leben (S. 69–86). Paderborn: Junfermann.

Rost, C., Hofmann, A. (2014). EMDR in der Behandlung akut Traumatisierter. In A. Hofmann (Hrsg.), Praxishandbuch zur Behandlung traumatisierter Menschen (5., vollständig überarbeitete und erweiterte Aufl., S. 133–140). Stuttgart: Thieme.

Rupp, M. (2010a). Was hilft den Krisenhelfern? – Notfall- und Krisenintervention auf dem Weg zu professionellen Standards. In W. Ortiz-Müller, U. Scheuermann, S. B. Gahleitner (Hrsg.), Praxis Krisenintervention:

Handbuch für helfende Berufe: Psychologen, Ärzte, Sozialpädagogen, Pflege- und Rettungskräfte (2., überarbeitete Aufl., S. 77–87). Stuttgart: Kohlhammer.

Rupp, M. (2010b). Umgang mit gewalttätigen Patienten – Prinzipien der Deeskalation. In W. Ortiz-Müller, U. Scheuermann, S. B. Gahleitner (Hrsg.), Praxis Krisenintervention: Handbuch für helfende Berufe: Psychologen, Ärzte, Sozialpädagogen, Pflege- und Rettungskräfte (2., überarbeitete Aufl., S. 294–307). Stuttgart: Kohlhammer.

Sachsse, U. (2004). Die normale Stressphysiologie. In U. Sachsse (Hrsg.), Traumazentrierte Psychotherapie. Theorie, Klinik und Praxis (S. 31–47). Stuttgart: Schattauer.

Sack, M. (2013). Schonende Traumatherapie. Ressourcenorientierte Behandlung von Traumafolgestörungen. Stuttgart: Schattauer.

Sack, M., Sachsse, U., Schellong, J. (Hrsg.) (2013). Komplexe Traumafolgestörungen. Diagnostik und Behandlung von Folgen schwerer Gewalt und Vernachlässigung. Stuttgart: Schattauer.

Safina, C. (2017). Die Intelligenz der Tiere. Wie Tiere fühlen und denken. München: C. H. Beck.

Schmidt, G. (2010). »Den Alptraum beenden ...« – Krisenintervention nach akuten Traumatisierungen. In W. Ortiz-Müller, U. Scheuermann, S. B. Gahleitner (Hrsg.), Praxis Krisenintervention: Handbuch für helfende Berufe: Psychologen, Ärzte, Sozialpädagogen, Pflege- und Rettungskräfte (2., überarbeitete Aufl., S. 273–293). Stuttgart: Kohlhammer.

Singer, T., Klimecki, O. M. (2014). Empathy and compassion. Current Biology, 24, 875–878.

Sonneck, G., Kapusta, N., Kapitany, T. (2011). Krisenintervention. Österreichische Ärztezeitung, 7 (4), 35–44.

Sonneck, G., Kapusta, N., Tomandl, G., Voracek, M. (Hrsg.) (2012). Krisenintervention und Suizidverhütung (2., überarbeitete Aufl.). Wien: Facultas.

Spangenberg, E. (2015). Behutsame Trauma-Integration (TRIMP). Belastende Erfahrungen lösen mit Atmung, Bewegung und Imagination. Stuttgart: Klett-Cotta.

Statistisches Bundesamt (2019a). Anzahl der Suizide nach Altersgruppen. Anzahl der Suizide 2016. Zugriff am 07.07.2019 unter https://www.destatis.de/DE/Themen/Gesellschaft-Umwelt/Gesundheit/Todesursachen/Tabellen/sterbefaelle-suizid-erwachsene-kinder.html

Stein, C. (2015). Psychotherapeutische Krisenintervention (Handwerk der Psychotherapie Band 6). Tübingen: Psychotherapie-Verlag.

Storch, M., Cantieni, B., Hüther, G., Tschacher, W. (2010). Embodiment. Die Wechselwirkung von Körper und Psyche verstehen und nutzen (2., erweiterte Aufl.). Bern: Huber.

Teismann, T., Dorrmann, W. (2014). Suizidalität. Göttingen: Hogrefe.

Utsch, M. (2018). Spiritualität in der Psychiatrie. Sozialpsychiatrische Informationen, 48 (2), 27–30.

Van der Hart, O., Nijenhuis, E. R. S., Steele, K. (2008). Das verfolgte Selbst. Strukturelle Dissoziation und die Behandlung chronischer Traumatisierung. Paderborn: Junfermann.

Weinhardt, M. (2010). Krisenberatung online. Chancen und Grenzen medial vermittelter Hilfe. In H.-P. Färber, T. Seyfarth, A. Blunck, E. Vahl-Seyfarth, J. Leibfritz (Hrsg.), Umgang mit Lebenskrisen. Verstehen – Begleiten – Bewältigen (S. 227–234). Mössingen: KBF.

Winnicott, D. W. (2006). Reifungsprozesse und fördernde Umwelt (2. Aufl.). Gießen: Psychosozial-Verlag.

Witte, M. (2010). »Männer haben's schwer, nehmen's leicht« – Suizidrisikogruppe Männer erreichen und mit ihr arbeiten. In W. Ortiz-Müller, U. Scheuermann, S. B. Gahleitner (Hrsg.), Praxis Krisenintervention. Handbuch für helfende Berufe: Psychologen, Ärzte, Sozialpädagogen, Pflege- und Rettungskräfte (2., überarbeitete Auflage, S. 249–265). Stuttgart: Kohlhammer.

Wollschläger, M. (Hrsg.) (2011). Psychotherapie und Weisheit. Ein Lesebuch. Tübingen: dgvt.

Abkürzungsverzeichnis

CIPBS   Conflict Imagination, Painting and Bilateral Stimulation
CIPOS   Constant Installation of Present Orientation and Safety
DSM-5   Diagnostischer und statistischer Leitfaden psychischer Störungen der Amerikanischen Psychiatrischen Gesellschaft (5. Auflage)
EMDR   Eye Movement Desensitization and Reprocessing
ICD-10   Internationale statistische Klassifikation der Krankheiten und verwandter Gesundheitsprobleme der Weltgesundheitsbehörde
KIT   Kriseninterventionsteam
OPD   Operationalisierte Psychodynamische Diagnostik, psychodynamisches Diagnosesystem
PTBS   Posttraumatische Belastungsstörung
SSRI   Serotonin-Wiederaufnahmehemmer
TRIMP   Trauma Rekapitulation with Imagination, Motion and Breath